保育者への扉
〔第2版〕

澤津まり子
木暮　朋佳
芝﨑　美和
田中　卓也
編著

建帛社
KENPAKUSHA

まえがき

　この本は，保育者を目指して保育者養成校に入学した学生，あるいは入学しようとしている方が，専門的な教育を受ける前の準備段階として何を知っておくべきかということを，わかりやすくまとめた保育の入門書です。

　またこの本は，初年次教育における基礎ゼミ・ガイダンス等のテキストとしてだけでなく，入学前教育にも活用できるものです。巻末にある課題に挑戦すれば，大学・短期大学および専門学校への入学後に，スムーズな専門教育へのスタートがきれることでしょう。養成校入学前の高校生には，「私って本当に保育者に向いているのかな？」「ピアノが弾けないけど大丈夫かな？」などと不安に感じている時にぜひ読んでいただきたい本です。

　ところで，最初に出てきた「保育者」という言葉は，幼稚園教諭と保育士の二つの専門職をまとめて表現している言葉です。「保育」という分野は，教育のなかの一番年齢の低いところになります。つまり，家族・親戚以外で初めて深くかかわりをもつ人が保育者というわけです。ですから，保育者は，子どもにとって人生の最初に大きなインパクトを与える職業である，と言っても過言ではないでしょう。その意味で責任は重大です。

　子どもにとって，大好きな先生であり，あこがれの存在としての保育者であり続けるためには，質の高い保育の専門性と豊かな人間性が求められます。そのためには，生涯にわたり自分を高めていかなければなりませんし，その覚悟も必要です。

　今日，日本の保育の歴史のなかで，保育制度は大きな変革期を迎えています。子どもにかかわる施設は「こども園」に統合されつつありますが，まだ流動的な要素も多く，克服しなければならない課題も山積しています。また，子どもを取り巻く環境やその子育てが変化するなかで，子どもの育ちにかかわるさまざまな問題も生じています。しかし，どんなに制度や名称，環境等が変わっても，そこに子どもがいて，その子どもと向き合うことを「業」とすることに変わりはありません。保育の本質が変わるとも思えません。こういう時代だから

こそ，保育の原点をブレないでしっかり学んでいくことが必要でしょう。

　この本は，主に保育者養成校において専門教育に携わっている意欲的な多くの若手教員の賛同を得て，発刊の運びとなりました。不十分な点も多々あるかと思いますが，保育者を志す者にとって，保育に魅力を感じ，保育者として自分の将来像を描きながら，高い志をもって，どのような保育者を目指していけばよいのか，を考える「道しるべ」となることを願っています。

　最後に，本書の発刊にあたっては，建帛社の宮﨑潤氏に大変お世話になりました。ここに記して感謝の意を表します。

2012年8月

編著者を代表して
澤津まり子

第2版にあたって

　2015（平成27）年度から「子ども・子育て支援新制度」により，保育，地域の子育て支援の新たな施策がスタートしました。また，施策に限らず，子ども，家庭，保育施設，保育者を取り巻く状況は目まぐるしく変わっています。

　こうした動きに沿った加筆・修正，統計データの更新など，必要な改訂を行い，このたび本書を「第2版」としました。これからも，保育者を目指す方々の「道しるべ」として本書をご活用いただけると幸甚です。

2016年8月

編著者一同

も く じ

プロローグ　ある新任保育者の姿〜理想と現実のはざまで〜
❶ 「子どもが好き」からスタート ……………………………………………… 2
❷ 学生時代に描いた理想の保育者像 ………………………………………… 3
❸ 新任保育者としての現実 …………………………………………………… 4
❹ 保育者の魅力 ………………………………………………………………… 5

Chapter 1　プロとしての保育者
❶ 保育者の一日をのぞいてみよう …………………………………………… 6
❷ プロの保育者とは …………………………………………………………… 9

Chapter 2　保育者のルーツをさぐる
❶ 幼稚園と保育所は何が違う？ ……………………………………………… 12
❷ 認定こども園ってなんだろう？ …………………………………………… 13
❸ 幼稚園のルーツをさぐる …………………………………………………… 14
❹ 保育所のルーツをさぐる …………………………………………………… 16
❺ 保育者のルーツをさぐる …………………………………………………… 18

コラム　ピアノはいつから登場したの？／20

Chapter 3　保育者になるまでの道のり
❶ 保育者になるためには ……………………………………………………… 22
❷ 保育の場に出る「実習」 …………………………………………………… 28
❸ 積極的にボランティアに参加しよう ……………………………………… 34

コラム　採用試験ってどんなもの？／40

Chapter 4　子どもをみるまなざし

- ❶ 赤ちゃんはすごいんだ！ ……………………………………………… 42
- ❷ 愛情に満ちた親との絆が意味するもの ……………………………… 43
- ❸ 話せるようになるまで ………………………………………………… 44
- ❹ 自分を主張する，集団に合わせる …………………………………… 44

Chapter 5　障害のある子どもについて知っておこう

- ❶ 障害ってなんだろう？ ………………………………………………… 48
- ❷ 共に生きる ……………………………………………………………… 53

Chapter 6　子どもとともに楽しむ遊び

- ❶ わらべ歌にはふれあいがいっぱい …………………………………… 55
- ❷ 自然は友だち──自然にしっかりふれて遊ぶ── ………………… 56
- ❸ 体を思いっきり動かして遊ぶ ………………………………………… 57
- ❹ お話は心の栄養 ………………………………………………………… 57
- ❺ 古くから伝わる日本の文化：折り紙 ………………………………… 59

コラム　役立つ絵本・歌あれこれ／60

Chapter 7　保育者としてのセンス磨き！　さあ，今から身につけよう！

- ❶ 子どもにとっての「表現」ってなんだろう？ ……………………… 62
- ❷ 子どもの表現（音楽）………………………………………………… 63
- ❸ 子どもの表現を支えるために（造形）……………………………… 68

Chapter 8　保育で大切なコミュニケーション

- ❶ 保育者は会話上手──いつでもだれとでもコミュニケーション── …… 74
- ❷ 外国の子どもたちとのコミュニケーション ………………………… 78

Chapter 9　子育て支援ってなんだろう？

- ❶　子育て支援の考え方 ………………………………………………… 84
- ❷　子育て支援のはじまり ……………………………………………… 85
- ❸　今どきの子育て事情 ………………………………………………… 86
- ❹　保育施設などにおける子育て支援 ………………………………… 88
- ❺　子育て支援の実際──さまざまな取り組み── …………………… 88

Chapter 10　知っていますか？　最近の動向

- ❶　子どもの生活リズム ………………………………………………… 90
- ❷　子どもの虐待 ………………………………………………………… 92
- ❸　一時保育ってなんだろう？ ………………………………………… 96
- ❹　病棟保育ってなんだろう？ ………………………………………… 98
- ❺　病児保育ってなんだろう？ ………………………………………… 100
- ❻　待機児童ってなんだろう？ ………………………………………… 102
- ❼　これからの保育 ……………………………………………………… 104

エピローグ　よき保育者になるために

- ❶　よき保育者になるためには ………………………………………… 106
- ❷　今日のこの日を大切にしよう！ …………………………………… 109

「やってみよう！」記入シート ………………………………………… 112

ある新任保育者の姿〜理想と現実のはざまで〜

　保育者を目指して，これから保育・教育の勉強をはじめようとしているみなさんにとって，一番知りたいことは養成校卒業後の姿ではないでしょうか。
　まずは，一足先に保育士・幼稚園教諭(きょうゆ)となって働いている先輩たちの1年目の様子を紹介することにしましょう。

＜保育士のAさん＞

　私は小学生の頃から保育士になりたいと思っていました。「ただただ子どもが好き」という思いで保育士を目指しました。そして，念願の保育の現場に立ち，5か月が経ちました。「子どもに信頼される保育士になりたい」という思いを胸に保育現場に飛びこみましたが，最初は一日を終えることだけで精一杯でした。
　保育士の仕事は自分が思っていた以上に大変で，現実の厳しさを思い知りました。保育士は，子どもの命を預かり，その成長を任されています。子どもにかかわることがこんなにも緊張することだったのかと思いました。子どものためにがんばりたいと思うのですが，何をしたらよいかわからなくて，時間に追われるばかりでした。「今日はこんな保育をしたい」と自分でイメージしても，自分の思いどおりの保育ができたことはありませんでした。「一人ひとりの子どもとていねいにかかわりたい」と思っても，自分に余裕がなく十分にかかわることができません。私をわざと怒らせるような，子どもの試し行動に悩まされ，イライラして子どもに当ててしまいました。あんなに好きだった子どもが嫌いになってしまいました。うまくいかないことだらけというのが現実です。挑戦しては失敗し，そこから学ぶということを繰り返して，悪戦苦闘の毎日です。
　そんななかで，時折喜びもあります。子どもの思いと援助が一致した時の喜びは大きく，子どもの成長を見ることは本当におもしろいです。「子どもがいるからがんばれる」という意味を実感しました。
　私自身これから勉強していかなければいけないことばかりです。それに終わりはありません。ベテランの先生でも勉強しています。それは，保育には答えがないからです。
　私の理想と現実はかなり違いましたが，現実と向き合い，これからも日々精進して，子どもの成長とともに私もしっかり成長できるように努めていきたいと思います。保育士は子どもの命を預かり，子どもの心に寄り添う大切な仕事です。だからこそ，この仕事にやりがいを感じ，誇りをもっています。

> **＜幼稚園教諭のBさん＞**
>
> 　幼稚園実習を経験し，幼稚園教諭になろうと決めました。実習で担当した年長組は，自分で遊びを見つけて楽しんだり，運動会の練習を楽しそうに一生懸命がんばる姿が印象的でした。何事も楽しく取り組めているのはどうしてなのかと考えた時に，担任の先生がいつも子どもの心に寄り添っている姿がありました。毎日の実習反省会では，思いや悩みを最後までうなずいて共感してくださいました。
>
> 　この経験が「遊びや生活習慣を大切にしながら，子ども一人ひとりに寄り添ったかかわりをするとともに，子どものモデルになる」という保育の原点につながっています。
>
> 　実際の保育では，20人の子どもの担任として，クラスのことを全て自分でするということがこんなにも大変なのかと思う毎日です。私は，笑顔を絶やさず子どもの心に寄り添った保育を理想としていますが，うまくかかわることができなかったり，指導のタイミングを逃したりすることもあります。そのような時には，先輩の先生に相談したり他の先生から見た子どもの様子を積極的に聞いたりしています。さまざまな方向から見て，職員全員で子どもたちを育てていかなければならないと改めて感じています。
>
> 　学生時代に経験した現場での様子と，実際に担任をしてからの大変さは責任があるため大きく違いますが，保育に対する思いは変わっていません。この気持ちをもち続けて子どもと毎日過ごしていきたいと思います。

❶「子どもが好き」からスタート

　数ある職業のうち，子どもにかかわる仕事，なかでも保育者はとても人気のある職業です。特に女性には絶大な人気がありますが，最近では男性の保育者も増えてきました。その人気の理由はどこにあるのでしょうか。

　幼児期に出会ったすてきな保育者へのあこがれでしょうか。あるいは中学・高校の職場体験によって，「子どもってかわいい」と感じて，保育者を目指した人も多いのではないでしょうか。また，「子どもと遊んでそれが仕事になるなんて，ラッキー」と思っている人もいるかもしれませんね。

　このように，先ほど紹介した「保育士のAさん」をはじめ，保育者を目指す人の多くは「子どもが好き」からスタートするようです。保育者を目指すからには，まずは「子どもっておもしろい」と興味をもってほしいものです。

❷ 学生時代に描いた理想の保育者像

1) 笑顔のすてきな保育者

　保育者養成校で専門教育を受けていくなかで，学生は自分なりの保育者の理想像を描くようになります。「笑顔のすてきな保育者になりたい」と多くの方が思っています。笑顔をつくることは，それほど難しいことではありません。しかし，どんな時でも常に子どもと笑顔で接することは，容易なことではありません。子どものかわいいしぐさに思わずほほえみがこぼれることもありますが，何度注意しても子どもが言うことをきかない時など，つい大きな声を出してしまうこともあります。これは子どもに影響された保育者の態度です。

　理想とされる保育者は，いつも最高の笑顔で子どもとかかわることによって，子どもの情緒が安定して過ごせるよう心がけています。笑顔は子どもからもらうものではなく，保育者が子どもに与えるものなのです。

2) 子ども一人ひとりに寄り添う保育者

　先ほど紹介した「幼稚園教諭のBさん」のお話からは，子どもの楽しそうな表情や遊びが充実している様子から，そこに寄り添う保育者の姿を見つけたBさんの保育センスが光ります。子どもの隣にベタっと一緒にいることが，子ども一人ひとりに寄り添うことではありません。子どもの気持ちを大切に思ってその心情に寄り添うことです。楽しい，悲しい，つらい思いを全部受け止めることではないでしょうか。みなさんも卒業も間近になると「遊び・生活習慣を大切にしながら，子ども一人ひとりに寄り添ったかかわりをするとともに，子どものモデルになる」というように，具体的な理想を掲げることができるようになっていきます。

３ 新任保育者としての現実

１）子どもの命を守る責任

「保育士のAさん」にとって、保育士の一日は思っていた以上に大変だったようです。新任保育士として初めて担任をもった時の様子から、子どもの命を守ることのプレッシャーに押しつぶされそうになっているのが伝わってきます。子どもと安全に楽しく過ごすためには、環境整備、綿密（めんみつ）な指導計画、職員間や保護者との連携（れんけい）など、じつにさまざまな仕事があります。保育者は一瞬の気持ちの油断も許されない緊張感のなかで仕事をしているのです。Aさんは、「子どもとかかわることがこんなにも緊張することだったのかと思いました」と正直な思いを告白しています。

２）心に余裕がない

保育者として、こうありたい、こうあるべきという思いをもつことは大切なことです。しかし、社会人となった当初は、その理想が高ければ高いほど、それを実現する力量が未熟なため、理想と現実のギャップに苦しむことになります。「保育士のAさん」は、「子どものためにがんばりたいと思うのですが、何をしたらよいかわからなくて…（中略）一人ひとりの子どもとていねいにかかわりたいと思っていても、自分に余裕がなく十分にかかわることができません」と、悪戦苦闘しています。そして「子どもの試し行動に悩まされ（中略）あんなに好きだった子どもが嫌いになってしまいました」と正直な胸のうちを告白しています。現実の厳しさを知って、心が折れそうになったり、どうしようもない無力感におそわれたりしたようです。

しかし、そこで終わってしまっては一人前の保育者にはなれません。先輩たちはどのようにして、この壁を乗り越えたのでしょうか。

❹ 保育者の魅力

1) 子どもがいるからがんばれる

　先輩たちは，挑戦しては失敗し，そこから学ぶということを繰り返しながら，一段階ずつ壁を乗り越えようと努力をしています。そうするなかで，子どもの成長を目の当たりにし，その努力が報われることがあります。それは保育者にとって，この上ない喜びです。保育者になってよかったと実感し，どんな苦労もそれをエネルギーに変えられる力を子どもはもっているのです。それが「子どもがいるからがんばれる」ということなのではないでしょうか。

　そのためには，保育者になってからも自分を成長させることは欠かすことができません。そもそも保育に正解というのはありません。子どもは一人ひとり違うので，ケースバイケースでその子その子に合った対応が必要なのです。

2) やりがいと誇り

　保育者になった先輩たちは，理想と現実との間には大きなギャップがあったと告白しています。その現実と真正面から向き合い，先輩の先生に相談したり，他の先生から見た子どもの姿を聞いたりしながら，職員全員で子どもを育てていくことが望ましいとの思いとなっています。そして，「保育者は子どもの命を預かり，子どもの心に寄り添いながら成長・発達を促していく大切な仕事だからこそ，この仕事にやりがいを感じ，誇りをもっており，日々精進して理想に向かってがんばっていきたい」と力強く語っています。

　保育という仕事は，奥が深くてきわめるのはなかなか難しそうです。それでも，困難を乗り越えて一人前の保育者になりたいと思える，一生をかけて打ち込む価値のある仕事ではないでしょうか。保育者を目指しているみなさんは，今そのスタートラインに立ったところです。さあ，勇気を出して，保育者への扉を開いてみましょう。

Chapter 1
プロとしての保育者

　みなさんはどのような保育者を目指していますか？　実は先輩たちも，最初はみなさんと同じように，自分が保育のプロとしてやっていけるかどうか，不安でいっぱいの学生だったのです。保育者養成校で学び，保育現場に就職してからも，地道な努力を続けていくことで，少しずつプロの保育者になっていくのです。つまり，スタートはみんな同じだということです。みなさんが思い描く理想の保育者になれるよう，準備をしていきましょう。

1 保育者の一日をのぞいてみよう

　まずは保育者がどのような一日を過ごしているのかを見てみましょう。

表1-1　ある保育所での保育者の一日

時間	子どもの活動	保育者の仕事
7:00		出勤・窓を開ける・掃除・受け入れの準備
7:30	登園	受け入れ・観察・担任への連絡
8:00	自分の選んだ遊びをする	遊びの環境を整える
9:30	朝の集まり（歌・出欠確認・保育者の話）	朝の集まり（季節の歌を選ぶ・いきいきとした雰囲気づくり）
10:00	保育者や友だちと一緒に遊ぶ	環境を整え，ねらいをもって保育する
11:40	食事の準備 食事	食事の準備（アレルギー食等，配慮する）
12:40	午睡の準備	午睡の準備（布団を敷く）
13:00	午睡	スムーズな入眠への工夫・連絡帳の記入
15:00	おやつ	
16:00	降園の準備 順次降園	降園の準備（忘れ物の確認・明日への期待がもてるような話をする・保護者への連絡）
18:00	延長保育	延長保育の子どもに配慮する 保育室の掃除・その日の保育や子どもについての記録・次の日の準備・戸締りをして退勤

子どもの受け入れ：園の開所時間よりは約30分は，早めに出勤します。園舎の換気を行うために窓を開け，保育室やテラス，園庭の掃除や遊具の点検をします。次に，子どもを受け入れるために，机・シール・帳面を入れる箱を出します。登園してきた子どもと保護者にあいさつを
して，心身両面から普段と変わりはないか尋ねます。そして，細心の注意を払って子どもの様子を観察します。この時に少しでも心配な様子が認められた場合には，各クラス担任に必ず連絡し，保育者間で情報を共有します。

遊　び：保育者は，子どもが何に興味をもっているのかを見極めながら，子どもたち一人ひとりに声をかけたり見守ったりします。集団遊びのなかでは，子どもが一人で遊んでいる時とは違う側面がうかがえることもあるので，個々をしっかりと観察します。子どもの
発達に合わせ，「ねらい」をもち，環境を整えた上で遊びを実施します。クラスで活動する時には，当番の仕事の確認や出欠席を知らせることにより，友だちにも目を向けることができるようになります。また，季節の歌をクラスの友だちと歌ったり，保育者の話を聞くなど，落ち着いた時間を過ごすという意味で，この集まりの時間を大切にしています。

食　事：子どもの個々の発達の状態や，その日の状況に合わせて，食事の配慮をします。偏食の多い子どもは，家庭との連絡を密にして，子どもにとって無理のないように指導します。また，最近では，アレルギーをもっている子どももあり，少量でも口にするとアナフィラキシーという重度のアレルギー反応が起こり，最悪の場合は死に至ることもあるため，食事を配る場合は絶対に間違えないよう注意します。

午　睡：特に保育所の場合，長時間保育のため心身を休めるために午睡をしています。ゆったりとした雰囲気のなかで，思い思いに身体を休めます。0・1歳児クラスでは，窒息等の事故を防ぐために，数分間隔で子どもの様子を確認します。その合間に，連絡帳に記入したり簡単な保育の打ち合わせをしたりすることもあります。

降　園：子どもに明日に期待がもてるような話をして，落ち着いた雰囲気のなかで降園できるようにします。保護者には，子どもの健康状態やその日に起こったこと，伝えなければならないことは，漏れのないように伝えます。延長保育や預かり保育の子どもには，寂しい思いや嫌な思いをさせないように，子どもに寄り添いながら保育をします。

降園後：子どもたちが降園したあとは，保育室のなかを点検し，忘れ物などがないか確認をしながら掃除をします。「掃除なんて保育ではない」と思われるかもしれませんが，低年齢児のクラスでは，手にしたものをすぐに口にもっていってしまう子どもが多くみられます。また，感染症が流行している時期などは特に，子どもたちが触るものすべてを清潔にしておかなければ，子どもたちに次から次へと感染していくことが考えられます。掃除は掃くだけではなく，雑巾で取っ手など細かいものまで拭いたり，3歳未満児クラスの玩具は，たびたび洗ったり消毒をすることも必要になります。

　また，その日の保育や子どもの姿について記録します。昨日できなかったことが，今日できるようになる可能性は十分ありますので，その時を大切にして，あったことを簡潔に記録に残します。また，次の日の早番の保育者に申し伝えがある場合には，ノートやメモに書いて，決められた場所に置いておくことも大切です。

　次の日の保育がスムーズにいくように必要な用具等を準備したり，保育に関する準備をしておくことも大切です。

このように，保育者は，子どもが園にいる間は子どもたちとともに生活をし，保育が終了した後も掃除をしたり，記録を取ったり，次の日の準備をしたりと，とても忙しい一日を過ごしています。保育者にとって，子どもとともに過ごす時間を安全で楽しいものにするためには，登園前，降園後といった子どものいない時間にしなければならないことがたくさんあるのです。

❷ プロの保育者とは

1) 保育の専門性

❶で見てきたように，保育者は実にさまざまな仕事をしています。これらは，すべて保育の専門性に裏づけられており，その一つも欠くことができません。では，その保育の専門性とはどのようなものでしょうか。

（1）保育の知識

まずは，子どもの心と身体の発達特性の理解です。保育者は子どもの発達の道筋を見通し，今の状態が次にはどのような状況になっていくのかを見極め，次の段階の目標を設定して保育をしています。子どもは遊びのなかで，さまざまなことを学んでいますが，子ども自身がそれを意識しているわけではありません。子どもにとっては楽しかった，おもしろかったと感じる遊び一つ一つのなかに，保育者は仕掛けをしているのです。その子にとって，この遊びを経験することがどのような発達をうながすかを予測して計画し，それをどのような方法で実施するのがより適切なのかを見極めて実践していくのが，プロの保育者なのです。

子どもの健康・安全に関する知識も必要です。日々の保育のなかで，子どもが熱を出したとき，保育者は子どもの表情や動きからそれを察知します。また，流行性の感染症である「水ぼうそう」，「はしか」などは発疹が現れる病気ですが，その発疹の違いを見分けられる目と知識が必要です。集団生活のなかで，特に抵抗力の弱い子どもは感染症の危険にさらされています。発症を未然に防いだり，最小限に食い止めたりするための知識も必要です。

(2) 保育の技術

　保育をより効果的に実践するために，保育の技術は欠かせないものです。例えば，ピアノ演奏については，音楽性豊かなことが望ましいのですが，少なくとも子どもが歌っている途中で止まらず弾けなければなりません。絵画では，動物や乗りものの略画などが描けると子どもたちが喜ぶでしょう。また，子どもたちと同じ目線で同じ遊びをすることにより，子どもと共感したり一体感がもてたりします。そうすることで，子どもたちが保育者に対して信頼を寄せて，より保育もしやすくなってきます。

　また，コミュニケーション能力を養うことによって，子どもだけではなく，保護者や同僚・先輩保育者とも良好な関係を築いていくことができます。ことばが足りなかったり，コミュニケーションが不足していることが原因で，不要な誤解を招いてしまうことはありがちなことです。保育者には，相手の立場に立って，わかりやすく話をしたり，悩みや相談を受けたときには気持ちを受け止め，共感するといったコミュニケーション力が求められます。

　これらの技術については，経験を重ねていくうちに修得できるものもありますが，自分なりに修得しようとする努力をすることも大切です。

(3) 倫理観

　プロの保育者として，忘れてはならないのが，子どもの人権に対する十分な配慮です。日常の保育のなかで，子どもに身体的，精神的な苦痛を与え，子どもの人格をはずかしめることがあってはなりません。そして，いつも公平な態度で子どもに接するよう心がけたいものです。

　また，仕事をしているなかで知り得た子どもや家庭に関するさまざまな情報について，たとえ自分の家族であってもむやみに漏らしてはいけないことになっています。それを守秘義務の遵守と言います。

　これらのことが，きちんと自己管理できてこそ，プロの保育者と言えるでしょう。その場その場の状況を見て，自分が今何をすべきかを判断して行動する力が求められているのです。

2) 保育者として求められる人間性

　人となり・知性・教養などといった一般的な人間性は言うまでもありませんが，それに加えて「保育の人間性」も重要であると言われています。

　保育の人間性とは，「子どもへの洞察の深さ」「子どもを見る温かいまなざし」「保育への思いの深さ」「それらを表現する適切なことばをもっている」ことを意味しています。見落としがちな子どもの内面に目を向けられる心の余裕，やさしさ，忍耐力，度量の広さなど，子どもにとって安らぎの場になるような人間性のことです。また，子どもの好奇心を一緒に楽しんだり，ちょっと難しいことに挑戦しようとする時には背中を後押しできるようなことばをかけてみたりと，子どもとともに生活することを楽しむことのできる資質のことです。これらの豊かな人間性は，日常のさまざまなことに関心をもちながら，日々の生活を大切に送るなかで育まれていくものなのです。

　これまで見てきたように，保育者の一日は長いだけでなく，大きな責任を伴っています。しかし，多くの保育者は，子どもたちが毎日笑顔で登園してくれることを一番うれしく思っており，保育をやりがいのある仕事だと感じています。みなさんも，子どもたちと一緒に生活するという夢が実現できるよう，日々学習し，理想とする「保育者像」を少しずつ明確にしていきながら，プロの保育者になれるように努力していきましょう。

やってみよう！　　　　　　　　　　　　　▶ 記入シートはp.112

① これまで知らなかった「保育者の仕事」の種類をあげ，それがなぜ大切なのかを自分なりに考えてみましょう。
② 家庭での保育と，保育施設での保育との違いをまとめてみましょう。

Chapter 2

保育者のルーツをさぐる

　みなさんは，これから大学や短期大学，専門学校で幼稚園の先生，保育所の先生になるための勉強をしていくことになります。ここでは，みなさんが目指そうとする幼稚園教諭・保育士がいつごろ登場してきたのか，そのルーツをさぐってみたいと思います。少しずつですが，みなさんがなりたいと思われる保育者について学習していきましょう。

1　幼稚園と保育所は何が違う？

　ところで，みなさんは「幼稚園」と「保育所」って聞いたことがありますか？　聞いたことがあったとしても，どこがどう違うのか，はっきりとはわからないという人もきっと多いのではないでしょうか？　規定されている法律や，取り扱っている官庁の違いもあるのですが，もともとの成り立ちにも明らかな違いがあるといわれています。

　表2-1では幼稚園・保育所についてのそれぞれの特徴を簡単にまとめています。どのような特徴があるのかをよく学習しておきたいとところです。

表2-1　幼稚園と保育所

幼稚園	施　設	保育所
文部科学省が認める学校	所管の機関	厚生労働省が認める児童福祉施設
学校教育法	定めている法令	児童福祉法
市区町村または私立（学校法人など）	設置の主体	市区町村または私立（社会福祉法人など）
満3歳から小学校入学前	対象年齢	0歳から小学校入学前
4時間（預かり保育などにより延長する園もあり）	保育する時間	8時間（保護者の事情により延長保育をするところもあり

❷ 認定こども園ってなんだろう？

　わが国では幼稚園と保育所が並存していましたが，子どもたちが同じ内容の教育・保育を受けられるよう，幼稚園と保育所の一元化が求められてきました。また，共働き世帯の割合が増加して保育所の待機児童が発生する一方，幼稚園の一部で定員割れが生じていることも，幼保一元化が求められる要因です。

　そこで2006（平成18）年に誕生したのが，「認定こども園」です。認定こども園には，保護者が働いている・いないにかかわらず，教育・保育を一体的に行う機能があり，次の4つのタイプが示されました。

① **幼保連携型**：幼稚園と保育所が連携して一体的に運営する
② **幼稚園型**：幼稚園が保育を必要とする子どものために保育時間を確保するなど，保育所の機能をもつ
③ **保育所型**：保育所が保育を必要とする子ども以外の子どもを受け入れるといった幼稚園の機能をもつ
④ **地方裁量型**：幼稚園，保育所いずれの認可もない地域の教育・保育施設が，認定こども園として必要な機能をもつ

　そして，認定こども園のいっそうの普及を図るために，「子ども・子育て支援新制度」が2015（平成27）年度よりスタートしました。この制度により，「幼保連携型認定こども園」は，「幼稚園でもあり保育所でもある施設」から，幼稚園と保育所の機能の両方をあわせもつ「学校および児童福祉施設である単一の施設」とみなされるようになりました。

　そこで保育を行う職員として，幼稚園教諭免許状と保育士資格を兼ね備えた「保育教諭」が創設されました。保育内容についても「幼保連携型認定こども園教育・保育要領」が作成され，「幼稚園教育要領」や「保育所保育指針」とは異なる第三の保育内容が誕生しました。保育者を志望するみなさんは，養成校でこの3つを学習することになります。しっかり学んでおきましょう。

3 幼稚園のルーツをさぐる

1) 幼稚園のルーツをさぐる

「幼稚園」を世界で初めてつくったのは、ドイツの教育家フリードリッヒ・フレーベルといわれています。フレーベルは幼児にとって「遊び」が大切なことを主張し、1840年に幼児が幼児らしく過ごすことができる施設「キンダーガルデン（幼児たちの花園）」をつくりました。これが幼稚園の原型です。

フレーベル

2) 日本の幼稚園はいつ誕生したの？

では、日本において幼稚園が誕生したのはいつでしょうか。日本の場合は、ドイツで設けられた頃よりは遅く、1876（明治9）年のことであったといわれます。日本で最初の幼稚園は、東京に設置された「東京女子師範学校附属幼稚園」（現在のお茶の水女子大学附属幼稚園）であったといわれています。つまり、ここが幼稚園教育のはじまりだったのです。

しかし当時といえば、外国の文化を懸命に取りいれることで精一杯でしたし、明治のはじめ頃にブームとなった文明開化のまっただなかにあったため、幼稚園には一部の上流階級の幼児しか通うことができませんでした。すべての幼児に開かれた学校ではなかったのです。

一般家庭の幼児が，普通に幼稚園に通うようになったのは，第二次世界大戦以後になってからのことです。1947（昭和22）年に公布された「学校教育法」により，幼稚園も学校教育体制の一つとして組み入れられることになってからのことだといわれます。

表2-2　幼稚園の変遷

1840年	フレーベルがドイツに「キンダーガルテン」を開設（世界最初の幼稚園の誕生）
1874年	東京女子師範学校附属幼稚園（現在のお茶の水女子大学附属幼稚園）の開設（わが国最初の幼稚園の誕生）
1879～1880	大阪府立模範幼稚園（現在の大阪教育大学附属幼稚園），大阪市立愛珠（あいしゅ）幼稚園があいつぎ開園
1901年	岡山市旭東（きょくとう）幼稚園の開園（わが国最初の幼稚園舎）
1943年	「戦時託児所」への転換（戦時体制に組みこまれ，保育所と幼稚園が合体）
1944年	「幼稚園閉鎖令」の発令（幼稚園の歴史が一度幕を下ろす）
1947年	「幼稚園」の復活（学校教育法の制定にともない，学校教育機関の一つとして）

3) 幼稚園の先生としての証＝「免許状」の発行と必要性

　幼稚園の先生の免許はいつごろから発行されていたのでしょうか。幼稚園についての単独の法令として定められた「幼稚園令」（大正15年公布）において，幼稚園の先生になるために与えられていた「保母免許」が最初といわれています。

　その後1949（昭和24）年に公布された「教育職員免許法」によりそれまでの「保母免許」が新たに「幼稚園教諭」という資格に改められるなど幼児教育の基本となる，さまざまな法律や制度が整備されました。「免許状」は幼稚園の先生の証明となりました。こうして幼稚園は，日本が高度経済成長期に入り，豊かになるとともに，全国で急速に増えていくことになったのです。

4 保育所のルーツをさぐる

1) 保育所のルーツは「託児所」？ 創設者はだれ？

わが国の保育所については、アメリカ宣教師によって横浜に開設された託児所がはじまりとなっており、1890（明治23）年に日本人によってつくられたのが、新潟県の静修学校に附設されていた託児所だといわれます。この静修学校は、赤沢鐘美・ナカ夫妻が貧しい家庭の子どもらを教育するために開校したもので、幼い弟妹の面倒をみなければならない子どもたちが、安心して授業を受けられるように、授業中弟妹を遊ばせておく場所として、託児室が生まれたようです。

2) 託児所は工場のなかにも ── 働く女性の増加 ──

このような配慮から設立された託児所は、急激に全国に広まりました。同じ頃には工場等での女性の雇用の需要が増え、大きな会社が経営する託児所や紡績会社の工場内に設けられた「工場内託児所」なども増えつつありました。すなわち働く女性の代わりに子どもを預かる施設がこの時期に数多くつくられました。なかでも有名であったのが、1900（明治33）年に東京に設置された「二葉幼稚園」です。森村峰と野口幽香によってでき

たこの幼稚園は，保育・教育方針や保育時間などその活動の大枠が規定されていました。二葉幼稚園は，3歳児未満の受け入れや，長時間の保育を行うなど，当時の幼稚園の枠から大きくはみ出していたこともあって，後に「二葉保育園」に改められることになりました。「保育園（所）」という用語もこの頃から使われるようになったようです。働く保護者の代わりに保育を行うという考え方が，現代の保育園（所）の基礎となっているようです。さらに，戦争の影響で人出不足の農村や，家族を失った遺族のための託児所が必要になり，託児所はさらに広まっていきます。

1919（大正8）年に初めての公立の保育所が誕生したのは，米騒動で貧困問題が噴出したことによる，救貧対策としてでした。保育所が国の制度として法制化されるのは，1938（昭和13）年のことです。戦争が激しくなるにつれ，さきほど述べた幼稚園と保育所は合体していくことになったことも忘れてはならないことです。しかし合体はしましたが，戦禍の影響でほとんど機能することはありませんでした。以降，戦後を経て「児童福祉法」が成立し，それに伴い保育所の法的な根拠ができあがります。

表2-3　保育所の変遷

1871年	「亜米利加婦人教授所」の開設（横浜在住のアメリカ人宣教師により）
1890年	静修学校付設託児所の開設（わが国最初の託児所の誕生）
1900年	二葉幼稚園の開設（のち二葉保育園に改称） 農繁期（のうはんき）託児所，軍人託児所なども相次いで開設
1919年	各地に公立保育所の誕生（救貧・治安対策の一環として）
1943年	「戦時託児所」への転換（戦時体制に組みこまれ，保育所と幼稚園が合体）
1948年	「保育所」の復活（児童福祉法の制定にともない，法的な位置づけがなされることに）

5 保育者のルーツをさぐる

1) 日本で最初の保母：豊田芙雄(とよだふゆ)

　日本ではじめての「保母」は豊田芙雄という女性であったといわれています。豊田は，若い頃から教育活動に力を入れており，その教育活動を認められ，東京高等師範学校附属幼稚園の保母に選ばれました。彼女はここで本格的な保育活動に力を入れていくわけですが，子どもや保護者の対応だけではなく，「見習生」といわれる将来の保母を養成していたようです。

保母時代の芙雄

2) 鹿児島の幼稚園へ－園児の保育と後輩を育てることに専念－

　豊田の取り組みはさらに人々からも認められ，東京を離れ日本で２番目の幼稚園となる鹿児島女子師範学校附属幼稚園の創設に尽力するになります。この幼稚園では39人の園児を担当し，園児のために自ら歌をつくることにもチャレンジしました。さらにここでも７名の見習生の養成を行い，後進の育成にも力を入れました。以後豊田の教えを受けた見習生たちは新たに保母となり，全国で活躍するようになったようです。

3) 保育者になる人のためにテキスト『保育の栞(しおり)』を作成

　豊田は保育者をめざす人のために『保育の栞』という保育者養成テキストを作成しました。彼女が経験したことをもとに，保育者のマナーや心得，保育者としての適切な言葉がけにいたるまで，保育の上での大切な内容を含んだものになっていたといわれます。この功績のおかげで，私たちはテキストを使用して保育者になるための学習ができるようになったのかもしれませんね。

4) 大正自由教育と倉橋惣三の登場

(1) 大正期からの保育の変化

大正期になると、教育・保育におけるそれまでの暗記主義、注入教育に批判が集まり、西洋から子どもの個性や自発性などを大切にする思想が巻き起こりました。この思想はわが国にも流入し、これを「大正自由教育」(大正新教育)と呼びます。雑誌『赤い鳥』が子どもたちの間で流行し、子どもの心に寄り添った詩や童謡、図画が重んじられるなかで、エレン・ケイの「児童中心主義」、モンテッソーリの「自由保育」などが注目されるようになりました。

(2) 倉橋惣三の保育思想

わが国の幼稚園でも、こうした影響を受けるようになります。東京女子高等師範学校で校長をつとめていた倉橋惣三は、フレーベルの考案した「恩物」(積木など)を形式的に扱うそれまでの保育を改革し、恩物の扱いも含め、子どもが自由に、そして自発的に遊ぶことを主張しました。

さらに倉橋は保育者に対し、子どもが十分に自分を出せる環境を用意し、そのなかで子どもが自由に遊ぶための援助をしなければならないと述べています。子どもの関心を引き出し、拡大させ、系統立てるナビゲーションとしての役割を保育者に求める「誘導保育論」を提唱したのです。

こうした倉橋の実践や考えは、今でも保育の考え方の基礎として息づいており、現代の保育者が気づかされることも少なくありません。これからみなさんが養成校で学ぶにあたっても必ず取り上げられる人物ですので、ぜひ興味をもっておくとよいでしょう。

倉橋惣三
著書は『幼稚園真諦』『子供讃歌』など。

やってみよう！　　　　　記入シートはp.112

① 「東京女子師範学校附属幼稚園」での保育内容について調べ、現在の幼稚園との保育内容の違いについて探してみましょう。
② 日本において、これまでの保育界で活躍した人物を3人あげ、彼らが考えた（実践した）保育について、その長所や短所などについて取り上げてみましょう。

コラム　ピアノはいつから登場したの？

　みなさんはこれまでに一度はピアノにふれる機会があったのではないでしょうか。ピアノは，学校に必ずある楽器です。今日，保育士・幼稚園教諭の仕事に就くためには，ピアノを弾けることは必須といわれています。子どもが音楽に親しみ，友だちと一緒に聴いたり，歌ったり，踊ったり，楽器を弾いたりして，音色やリズムの楽しさを味わえるような環境づくりをすることは，保育者の大切な仕事の一つです。

　さて，このように保育所や幼稚園で必ず登場するピアノが日本に初めて渡来した時期については明確な記録はありませんが，1823（文政6）年にオランダから来日したシーボルトがイギリス製のピアノを日本に持ち込み，1828（文政11）年に帰国しようとした際，長州藩（現在の山口県）の御用商人であった熊谷五右衛門義比に贈ったものが日本に現存している最古のピアノと考えられています。

　その後，日本では，1887（明治20）年に山葉寅楠によって国産オルガン第1号が誕生しました。山葉寅楠は，翌年，浜松に山葉風琴製造所を設立しました。これが，楽器製造で有名なヤマハ株式会社の前身です。

　その後，日本でピアノが最初につくられたのは，国産オルガン第1号が誕生してから13年後の1900（明治33）年といわれています。つまり，それまではピアノやオルガンはすべて外国からの輸入に頼っていたと考えられるのです。

山葉寅楠

　では，ピアノはいつごろから日本の幼児教育において活用されるようになったのでしょうか。ここで，日本における幼児音楽教育の歴史をふり返ってみることにしましょう。

　日本における幼児音楽教育は，1874（明治7）年頃に伊沢修二が行った唱歌遊戯の指導にはじまります。唱歌遊戯とは，お遊戯をしながら歌を歌う活動です。この活動は，子どもたちの精神的，身体的な発達にとって非常に大切であると考

えられました。

そして、1876（明治9）年には、わが国最初の幼稚園である東京女子師範学校附属幼稚園（現お茶の水女子大学附属幼稚園）が設立され、幼児期における音楽教育が本格的に行われるようになったのです。当時は、西洋の音楽と日本の音楽を折衷して新しい曲をつくり、それを教材として子どもた

ちに指導していました。しかし、その歌詞は子どもたちにとって理解が難しいものでした。

その後、日本の音楽教育の研究のために設立された音楽取調掛によって教材の研究が進められ、子どもたちにとってわかりやすく、子どもたちが喜んで歌えるような唱歌がつくられるようになっていったのです。

1880（明治13）年には、ピアノ11台と『バイエル教則本』20冊が外国から輸入されました。当時すでに、日本の学校教育においてピアノを活用することは教育上大切であると考えられはじめていたことがうかがえます。

1887（明治20）年には、幼稚園児のためにつくられた唱歌集『幼稚園唱歌集』が出版され、その緒言には唱歌を歌う時に楽器の演奏を取り入れると子どもたちの心に深い感動を与えることができると書かれています。

しかし、日本においては、1887（明治20）年に山葉寅楠によって国産オルガン第1号が誕生し、1900（明治33）年に日本で初めてピアノがつくられるようになるまでは、ピアノやオルガンは外国からの輸入に頼っていたわけですから、このような時期に楽器演奏を取り入れようとしたことは画期的なことだったといえるでしょう。

このように、日本の幼児教育におけるピアノの普及には、明治時代に学校教育において推進された唱歌教育が深く関連していたのです。

（吉備国際大学心理学部専任講師　雲津英子）

Chapter 3

保育者になるまでの道のり

　ここまで，保育者がどのように一日を過ごしているのか，また，職業としての幼児教育・保育はどのような道をたどってきたのかを学んできました。ここでは，いよいよみなさん自身が保育者になるにはどうすればよいのか，その道のりを見ていきます。

1 保育者になるためには

　「保育者」とは幼稚園教諭と保育士といった保育を職業とする人の総称で，免許・資格に関する呼び方ではありません。「保育者」になるには，幼稚園教諭の免許を取得して幼稚園に就職するか，または保育士資格を取得して保育所に就職するか，大きく考えてこの二つのルートがあります。これ以外に，認定こども園に就職するケースも考えられますが，ここでは幼稚園と保育所を中心に見ていきましょう。

　一般に，「保育者」になるには次のようなルートをたどります。

幼稚園
大学・短期大学・専門学校の教員養成課程を卒業し，幼稚園に就職

保育所
① 大学・短期大学・専門学校の保育士養成課程を卒業し，保育所に就職
② 保育士試験を受験・合格し，保育所に就職

1) どうすれば保育者になれるの？

（1）幼稚園の先生になるためには

　みなさんは、幼稚園とはどのような施設として位置づけられているかご存じでしょうか。幼稚園は、小学校や中学校、高等学校などと同じく、文部科学省が管轄（かんかつ）する「学校」であり、その点で、後に述べる保育所とは異なっています。幼稚園の先生は制度上だと学校の先生となりますので、幼稚園の先生になるためには、教員免許をもっている必要があります。

　幼稚園の先生の資格を、「幼稚園教諭免許状」といいます。幼稚園教諭免許状には、専修（せんしゅう）、第一種、第二種の三種類があり、専修免許は大学院、第一種免許は大学、第二種免許は短期大学・専門学校の教員養成課程で所定の単位を修得することで取得できます。幼稚園教諭の養成課程のある学校は、「教育学部」、「幼児教育学科」、「子ども学科」などの学部・学科を設置しています。

（2）保育士になるためには

　では、保育所で保育士として勤めるにはどうすればよいのでしょうか。

　保育所は幼稚園とは異なり、厚生労働省の所管（しょかん）となる「児童福祉施設」です。その保育所で勤める際の資格を「保育士資格」と呼びます。

　保育士資格取得のためには、二つの方法があります。一つは「指定保育士養成施設」の認定を受けた大学・短期大学・専門学校で所定の単位を修得することです。保育士の養成課程は幼稚園教諭の養成課程とは異なるため、幼稚園教諭の養成課程がある学校が保育士の養成課程をもっているとは限りません。

　保育士資格取得のためのもう一つの方法は、保育士試験に受験・合格し、各都道府県に登録することです。試験内容は、養成施設で開講されている科目内容に相応したものが出題されます。試験については免除規定などもありますので、調べてみるとよいでしょう。

（3）保育教諭になるためには

　幼保連携型認定こども園で保育を行う職員を「保育教諭」といいます。これは免許・資格ではありませんが、保育教諭として勤めるには原則として幼稚園教諭の免許と保育士資格の両方をもっている必要があります。

2）養成校ではどんなことを学ぶの？

（1）保育者の養成校

　これまで幼稚園教諭と保育士になるためのルートについて見てきました。この2つを総称して保育者と呼ぶことは最初に述べましたが，多くの学校で2つの免許・資格を同時に取得することができます。幼稚園教諭と保育士とでは制度上の違いはありますが，ともに子どもの育ちを支えるプロフェッショナルであり，学ぶ内容もかなり重なります。したがって，「保育者の養成校」と呼ばれるものの多くは，幼稚園教諭の養成校であると同時に，保育士の養成校でもあるわけです。

　「保育者の養成校」の授業では，当然，毎日保育にかかわる内容の事柄を学ぶことになります。それは講義のような形態をとることもあれば，実際に作業を行ったりグループワークを行ったりする演習のような形態をとることもあります。

（2）ある養成校の一日

　それでは，具体的に養成校ではどのような授業が行われているのでしょうか。ここで，ある短期大学の一日を例にとってみてみましょう。

表3-1　短期大学1年生Aさんのある一日　5月21日（木）

時限	科目	幼稚園教諭	保育士
1時限目（9：00～10：30）	教育原理	◎	◎
2時限目（10：40～12：10）	児童家庭福祉		◎
3時限目（13：00～14：30）	器楽	◎	◎
4時限目（14：40～16：10）	保育実習指導		◎
5時限目（16：20～17：50）	哲学		

◎は必修科目

表3−1は，Aさんの木曜日の時間割です。Aさんはこの短期大学で，幼稚園教諭二種免許状と保育士資格を取得することを目指しています。

教育原理：幼稚園教諭・保育士それぞれの免許・資格を取得する上での必修科目です。この科目では，教育とは何かということについて，思想，制度，歴史など多角的な視点から学びます。

児童家庭福祉：これは保育士資格取得にかかわる必修科目であって，幼稚園教諭の免許にはかかわりません。この授業では，子どもとその家族に対する福祉の考え方や現代の課題，制度や法律などについて学びます。

器　楽：ここではピアノのレッスンを受けます。ピアノは保育者になるためにはほとんど必須といってよいくらいのスキルです。幼稚園・保育所では，子どもが登園したところで行われる朝の会や，降園する時のお帰りの会，あるいは昼食や設定保育といったさまざまな場面でピアノが活躍します。

保育実習指導：保育所をはじめとした児童福祉施設で実習する前に，実習先でのマナーや注意点を学び，実習先でどのようなことを学ぶのかといった計画を立てます。実習後は，ふり返りにより次の課題を見つけます。

哲　学：この授業は免許資格にはかかわらない科目で，この短期大学では教養科目の一つに位置づけられています。専門的な内容以外の教養を身につけることで，保育者としての素養を深めることはもちろんのこと，一人の社会人としての幅を広げ，知識や感受性を豊かにします。

　ここであげたのはあくまで一週間のうちの一日にすぎませんが，この一日だけでも，保育の専門の学びがどのようなものであるかが感じ取れるのではないでしょうか。この他にももちろん，数多くの必修科目，選択科目などが置かれており，それらはすべて系統立てられています。こうした専門的な内容の学びを経て初めて，保育者への道が開かれていくのです。

(3) 実習について

　保育者養成校での学びのうち，もっとも大きな特徴となるのは，何といっても実習でしょう。幼稚園教諭の免許を取得する場合には幼稚園での教育実習を，保育士資格を取得する場合には保育所や児童福祉施設での保育実習を，それぞれ行うことになります。

　実習は，保育の現場で直接子どもとふれあい，保育者の仕事を目にし，みずから保育を実践することのできる貴重な機会です。実習生として，限られた時間ではあったとしても，まさに生きた保育の現場に出ることになります。「子どもが好き」「子どもってかわいい」と強く感じているみなさんだからこそ，保育者を目指しているわけですので，直接子どもとかかわることは，実に多くの喜びと楽しみ，感動を与えてくれるはずです。

　みなさんのなかには，中学校の職場体験で保育所や幼稚園に行ったという人も多いことでしょう。その時には見えなかったことが，実習ではたくさん見えてきます。職場体験よりは長い期間を園で過ごすことになりますので，成長する子どもの姿を目の当たりにすることもあるでしょう。当然，そこに至るまでには養成校での学びをきちんと進めて，しっかりと準備を整えておかなければなりません。そしてまた，実習に行きっぱなしではなく，実習を終えて養成校に戻ってきたら，実習の内容をふり返り，省察する必要があります。こうした作業を経て，何が得られたのか，または自分に何が足りなかったのかを実感し，次の学びにつなげていくのです（実習については次の❷でまた詳しく述べます：p.26）。

3) 就職の準備はどうすればいいの？

　さて，これまで，保育者になるまでの道のりについて，免許・資格取得のための一般的なルート，そして保育者の養成校に入学してから学ぶ内容について見てきました。

　では，いよいよ就職をするためにはどうすればよいのかを見てみましょう。免許や資格が取得できたからといって自動的に就職が決まるわけではありません。就職活動は，養成校の学生は，おおむね卒業年次に本格的に動き出します。

多くの場合，園や自治体から学校宛に新規採用のお知らせが届き，試験を受けて合格すればその園への就職が決まります。場合によっては，長期休暇を利用して自分から自主的に実習のお願いをして，数日間の園での実習を体験した上で，試験を受ける先を決めることもあるでしょう。なお，募集状況を確認して受験する園を決め，試験を受けるわけですが，試験の時期や内容は園や自治体によってまちまちです。また，そうした自主的な実習や授業課程の実習での熱心な取り組みを目に留めておいていただけることもあるかもしれません。いずれにしても，毎日が自分の希望に向けた就職活動だと思って，何事にも気を引き締めて取り組む姿勢が肝心です。

日本には数多くの幼稚園・保育所・認定こども園があり，それぞれ教育理念や園の目標は特徴をもっています。就職にしても実習にしても，自分自身がかかわることになる園の特徴や具体的な取り組みは，できるだけ把握していることが望ましいですね。

● やってみよう！ ●　　　　　　　▶ 記入シートはp.113

① 自分が住む地域に幼稚園と保育所がどこにいくつあるか調べてみましょう。

2 保育の場に出る「実習」

1) 実習とは

(1) 実習は何をするのでしょう？

　実習とは，幼稚園や保育所，幼保連携型認定こども園などの実習園で子どもたちとかかわったり，保育者から指導を受けたりしながら，保育者養成校で学んだ知識や技能を生かして，子どもの成長や保育を理解していくことです。

　実習園では，子どもたちは毎日，生活をしています。実習で，みなさんは，実際に子どもたちの生活のなかに入っていくことになりますので，その生活を乱さないことが大切です。そこで，実習について，必要な準備や実習中の心構え，実習後のふり返りについて以下に見ていきたいと思います。

(2) 実習の仕組みとは？

　みなさんが将来，幼稚園教諭や保育士を目指すためには，それぞれに必要な免許や資格を取得することになっています。そのため実習は欠かすことができない科目の一つです。幼稚園教諭になるために必要な実習は，「教育実習」といい，おおよそ4週間にわたり実際の幼稚園の活動に参加します。また，保育士になるための必要な実習は，「保育実習」といい，まず，保育所での実習が10日間，児童養護施設などの児童福祉施設での実習が10日間行われたのち，保育所もしくは児童福祉施設での実習を10日間経験します。

2) 実習に参加するためには

(1) まずは，教材の準備や心構えを！

　保育者が日頃の保育で大切にしていることの一つに子どもの自立性を育てることがあげられます。その保育の流れに入っていくためには，実習に参加する前から，いくつかの心構えが必要となります。実習に向けての心構えとして，特に以下の点に気をつけましょう。

　① 自分のもっている力を最大限に出し切って悔いのない十分な実習が行え

るよう，生活のリズムを整えて健康面を万全にしておきましょう。
② 事前に，実習園から準備するように指導されたことについては，早めに準備に取り組みましょう。
③ 弾き歌い（ピアノ等で伴奏しながら歌うこと）や手遊び，絵本の読み聞かせ，ペープサート（紙で作る人形劇），パネルシアター（パネル布を舞台にして不織布に描いた絵を動かして進める劇）など得意なものをいくつか行えるよう練習しましょう。

④ 幼稚園教育要領（幼稚園での教育についての大切な決まり，内容など）や保育所保育指針（保育所での保育について大切な決まり，内容など），幼保連携型認定こども園教育・保育要領（認定こども園での教育・保育について大切な決まり，内容など）を読み直すことで保育の全体像をつかみ，子どもの興味，能力，生活習慣などの発達の仕組み，成長の過程などに関する知識を身につけましょう。
⑤ 事前指導で使用した資料を読み，実習への理解を深めておきましょう。

（2）実習に入る前に事前訪問をしましょう

　実習の初日から子どもと積極的にかかわるために，保育の目標や子どもの実態，地域の環境，実習期間中の行事予定，実習計画・心得，事前に学習しておくことなどについて，実習園で事前にオリエンテーションを受けます。オリエンテーションを受けることで，子どもや先生方とかかわるためのヒントが見つかり，実習生自身の実習の課題が明確になります。さらに，これらを前もって知っておくことで，実習に参加する園の子どもの理解が深まります。
　そして，事前訪問が終わったら，訪問で得た内容をレポートにまとめ，整理しておくことで，実習までの準備がスムーズになります。事前訪問からすでに実習がはじまっているという自覚をもち，子どもとのかかわりをイメージし，「こんなことを試してみたい」とか「これを見せると，どんな反応が返ってくるだろう」といった思いをめぐらせてみましょう。

3) いよいよ、実習スタートです！

　実習は、見学実習→参加実習→指導実習という流れで行われます。見学実習や参加実習で、日頃の保育の流れと子どもたちの様子を知り、実際に、実習生が保育者として保育を行う指導実習へと移っていきます。

(1) 見学実習とは？

　保育者が行っている保育の様子を見学し、クラスの雰囲気をつかんだり、子どもたちへの親しみを深めたりすることを「見学実習」といいます。保育者による子どもへのかかわり方や子どもたちが熱中して遊んでいる様子を見ることで、指導実習の際に自分が保育者となって保育を行う時の参考にします。遊びの様子だけでなく、食事や着替え、トイレなどの場面が、どのような手順で進んでいるかを確認しましょう。これらの毎日の生活場面については、クラスの保育者が普段行っているやり方と同じように進めることが大切です。

(2) 参加実習とは？

　見学実習の後は参加実習です。子どもたちと一緒に遊んだり、保育者と一緒に遊びを進めたりして、次の指導実習へ向けての計画を立てていきます。

　保育者から遊びに必要な材料の準備を頼まれることもあります。どうしたらよりよく子どもたちが使えるかを考えながら準備に取り組みましょう。そのためには、子どもの一日の生活の流れをしっかりと理解することが大切です。

(3) 指導実習とは？

　指導実習（責任実習）とは、実習生が保育者となって子どもの前で実際に保育を行うことです。保育者が作成する指導計画は、長期的な視点から立てるものと、短期的な視点から立てるものがあります。一般に、年、学期、月、あるいは子どもの発達の区切りなどの期について立てるものを長期指導計画といい、週や日などの計画は短期指導計画といいます。

　実習では、保育者が作成した長期指導計画を参照しながら、日案・部分案といわれる短期指導計画を作成します。日案とは、子どもの登園から降園までの一日の生活の流れに沿った指導案のことで、部分案とは、登園とその後の遊びの場面や、昼食場面、降園場面など、子どもの活動の区切りを一つの単位にし

て指導にあたる場合に作成します。

　指導実習では，作成した指導案どおりに進めようとするあまり，子どもの実態に合わない保育になってしまうことがあります。計画はあくまで計画であって，実際の保育のなかでは子どもの様子に応じて柔軟に対応していくことが求められます。

　また，指導実習は，必ず，事前に保育者にアドバイスをいただきながら進めていくことになります。そのためにも指導実習の2～3日前には作成した指導案についてアドバイスをいただくよう心がけましょう。

(4) 環境構成とは？

　実際に指導する内容が決まったら，環境構成を考えます。環境構成は，今までの保育の流れを大切にしながら，自分の意図する保育が達成できるようにイスや机の位置や数はどうか，遊びのための素材・材料はどのくらい必要になるかなど，考えながら構成していきます。担当の保育者が行う環境構成の仕方を前もってよく観察し，子どもの姿を具体的に思い出しながら行っていくことが大切です。特に子どもの動線を頭のなかに思い描き，安全に気をつけながら，子どもが効率よく動くことができる方法やことばがけを考えましょう。

(5) 保育者の援助とは？

　保育者の援助というと，直接ことばをかけたり，何かしてあげたりするイメージがあるかもしれません。しかし，子どもが活動しやすいように環境を構成したり，友だちの力を借りられるようにしたり，状況によっては子どもの力に任せるような援助などもあります。どのような援助をしたらよいのか，その子どもに必要なものは何か，常に自分に問いかけていく姿勢を目指しましょう。

　実際の指導は計画どおりにはいかないものです。計画どおりにするために子どもを無理に動かしたり，強制したりすることはあってはなりません。指導案とはあくまで案であり，保育者が

指導する際の見通しをもつためのものです。保育者が見通しをもちながら，実際の子どもの様子に合わせて柔軟に対応していくことを心がけましょう。

(6) 指導実習から学ぶこと

　指導が終了したら，保育者とともにその日の指導実習についてふり返りながら評価を行いましょう。ふり返りの評価というのは，自分の保育に対しても，子どもの姿に対しても行っていきます。自分自身の援助の問題点や至らない点をあげて，「次回はこうやってみよう」と前向きに進んでいくことが大切です。できなかったことに対しては，どうすればよかったのかをよく考えたり，また，予想していなかった子どもの反応について，その理由を探ったりすることで，次回の実践につながっていきます。保育者が日々の保育でふり返ったことを次の実践に生かし続けることが，子どもの育ちにつながります。

4) 実習をしっかりふり返ろう！（事後指導）

　実習園の先生方に指導してもらったことや子どもから学んださまざまなことは，きちんと書いてまとめ，以降の実習や勉強に生かしていくことが大切です。また，実習で経験したことや考えたことを友人たちと話し合うことで，自分の内面を深めていくことになります。実際の保育の場で必要とされるのは，子どもや保護者の内面に目を向けて援助していくことのできる，保育者の人間性です。実習のなかで，どのように子ども一人ひとりを理解したか，自分は保育者としてどのような役割を果たすことができたのか，ふり返りましょう。

実習生Aさんの記録から
≪実習した場面≫

　午後の自由遊びの時間になり，私は計画していたわらべうた遊びをしようと，目の前にいた一人の子どもにわらべうたをはじめました。すると，それを見ていた子どもたちも，だんだん私のまわりに集まってきて，「もう一回」「もう一回」と言って私に寄ってきました。すると，何回か繰り返した頃に年齢が少し上の子どもが，私のわらべうたに合わせて自分よりも年齢の低い子どもの手をとり，私を見ながら同じように相手の子どもにわらべうたをしてあげていました。私はおどろいて，「すごいね。お友だちにもで

きたね」と声をかけると，今度はそれを見ていたまわりの子どもが他の子どもとわらべうたを歌いはじめました。

≪考察≫
　私は，わらべうたを子ども同士で遊ぶようになることは想像していませんでした。子どもたちは，毎日繰り返し歌っていたので，わらべうたに親しみをもつことができ，保育者も楽しそうにしている姿から自分もやってみようという気持ちになったのではないかと思います。子どもはわらべうたを口ずさもうとしたり，毎日繰り返して遊んだりするなかで，遊びを発展させながら遊んでいるのだと感じました。少しずつ変わっていく子どもの様子に保育者が気づき，一緒にその遊びを楽しんだり，子どもを認めていくような言葉がけをしたりすることが大切だと思いました。

実習後に改めて園へ行くと，実習中とは違う子どもたちの様子が見えてきます。そうしたことを確認するためにも，実習だけに終わらず，実習後の園とのかかわりも大切にして，積極的に園の保育に参加させていただきましょう。

　実習園では，子どもたちがみなさんとの出会いを楽しみに待っています。実習の目的は，「上手に実習をする」ことではありません。みなさんとかかわる子どもたちと，かけがえのない毎日を過ごすことです。「一日，何回子どもたちの前で笑顔になるか」「子どもたちとどれだけたくさん遊ぶことができるか」を目標にしましょう。

●やってみよう！●　　　　　　　　　　　　　　▶記入シートはp.113
② 子どもとのかかわりをイメージしながら，実習で試してみたい教材を一つあげて，なぜそれを試してみたいのかを述べましょう。

❸ 積極的にボランティアに参加しよう

1) さまざまな学校で求められるボランティア

みなさんはこれまでにボランティアに参加したことはありますか？ 小学生・中学生・高校生の時に，学校での学びの一環として参加した人も多いのではないでしょうか。

学校をとおしてのボランティア参加は，1977（昭和52）年に「学童・生徒のボランティア活動普及事業」が国庫補助事業として実施されたことにより急増しました。この事業は，当時の厚生省と文部省との連携によってはじめられました。その目的は，学童・生徒が，幼少者・高齢者・障害者等との交流体験などの福祉体験活動をとおして，人それぞれの個性を自然に受け入れ，交流できる態度や福祉への関心を育むことです。実施にあたっては，3年間を継続期間としてボランティア協力校を指定して，それぞれ地域の状況に合わせて事業が行われます。

その後，ボランティアということばは学習指導要領にみられるようになり，「総合的な学習の時間」や道徳，特別活動のなかで各学校において取り組まれるようになりました。保育者を目指す人のなかには，授業の一環として保育所や幼稚園にボランティアに行き，子どもとのふれあいや，保育者の仕事の手伝いをとおして保育に興味をもち，幼稚園教諭や保育士を目指す人も少なくありません。今，心のなかで，「わたしもそうだ」と思っている人もいるのではないでしょうか。

2) 学生によるボランティア活動

保育者や教育者を目指す学生が授業や実習をとおして子どもたちとふれあう機会は限られています。授業や実習に加えてボランティア活動をとおしていろいろな場で生活する子どもとふれあうことにより，多くの子どもとのかかわりをもつことができるでしょう。

では、子どもとかかわることのできるボランティアはどのように探せばよいのでしょうか。保育者養成校には、地域および実習でお世話になっている施設・教育機関等からボランティアの依頼が寄せられることがあります。また、保育者養成校の教職員とかかわりのある施設・学校等から、教職員に対して個別に依頼が来る場合もあります。保育者養成校によってはボランティアセンターが設置されていたり、学内の掲示版にボランティアを紹介するコーナーが設けられていたりします。

　また、インターネット上において、ホームページを利用して募集を行っている場合も多くあります。教育機関等でのボランティアは、市のホームページに案内が掲示されていることが多く、応募方法や連絡先などが掲載されています。K市では、近隣の保育者養成校と連携し、その保育者養成校の学生にボランティアとして市立学校・幼稚園の教育活動の支援をしてもらうという事業を行っており、K市の教育委員会のホームページに提携している保育者養成校の名前を載せ、学生に広く呼びかけを行っています。

　児童福祉施設においても、社会福祉協議会やそれぞれの施設のホームページをとおして、ボランティアの募集を行っていることがあります。保育所では保育補助、児童養護施設では入所している子どもの学習支援を行う学生を募集していることがよくあります。また、施設によっては行事などの手伝いの学生等を不定期に募集する場合もありますので、定期的にホームページを確認してみるのもよいでしょう。

3) 子どもとかかわるボランティアのあれこれ

　子どもとかかわるボランティアの活動内容にはどのようなものがあるのでしょうか。先ほど紹介したK市の事業内容では，幼稚園では保育の補助，小学校では，学級担任の補助や部活動の補助，特別な教育的支援の必要な子どもへの支援などが行われています。

　児童福祉施設では，児童養護施設での学習支援や，各施設での夏祭りやクリスマス会，遠足といった行事の際の手伝いなどがあげられます。その他，小学校の自然学校，学童保育，病院（小児病棟），子育て支援センターなどさまざまな場においてボランティアが必要とされています。

　施設や教育機関等の募集によるボランティアの他に，学生等が企画し，積極的に活動を行うボランティアサークルの活動もあります。ボランティアサークルの活動は，各施設や教育機関等に出向いていく場合や，大学等の施設を活用し，地域の子育て支援活動の一環として活動する場合などさまざまです。ある保育者養成校では，「親子で運動あそび」と題し，地域に住む3歳児から小学3年生までの子どもとその保護者を対象に，月に1度，大学の敷地内で運動遊びや，絵本の読み聞かせ，自然観察などを行っています。

　このように，子どもとかかわるボランティアは，定期的に継続して行うものから不定期に行われるものなどさまざまです。保育者養成校の学習と両立していけるよう各自の生活に合わせて無理のないように選んでいきましょう。

　一方で，夏季休暇や春季休暇など長期の休みがある学生のみなさんは，子どもキャンプへの参加や，海外でホームステイをしながら現地の保育所でボランティアを行うといった海外の子どもたちを支援するプログラムなど，長期間の活動を前提としたボランティアを考えてみるのもよいでしょう。

4) インターンシップ

　インターンシップは，学生が一定期間，企業などで研修生として働き，将来に関係のある職業体験を行える制度で，現在多くの企業で実施されています。大学側と連携を図り，単位として認められる場合もあります。企業単独で行う場合や，大学と連携して行う場合などさまざまであるため，実施期間も授業開講時期，長期休暇中，土日を利用してなど多岐に渡ります。

　私立の幼稚園や保育所，認定こども園のなかには，このインターンシップを取り入れているところもあります。保育所では夏休み中の10日間程度が多いようですが，随時募集している園もあります。仕事内容は，保育士とともに保育を行うことが中心となります。幼稚園は園によって期間や時期にばらつきがあります。近年，保育者養成校が幼稚園・保育所・認定こども園などと提携し，授業のなかでインターンシップに取り組むケースも増えてきています。

5) ボランティアのマナー

　ボランティアやインターンシップで施設・教育機関等に行く場合，実習と同じようにさまざまなマナーを守ることが必要です。子どもたちが生活する場であることをふまえ，次の内容に十分に注意を払いましょう。

　まず，身だしなみをきちんと整えましょう。保育や教育を行う場であることを意識し，明るく清潔な印象を与える服装や髪形を心がけましょう。ズボンの裾が床に擦ることや，汚れたエプロンを使用すること，長い髪をくくらずにいることは不衛生です。また，アクセサリーを身につけたり，爪が長い状態でいると子どもにけがをさせてしまう恐れがあります。

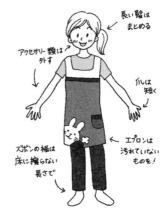

　次に，ことばづかいに気をつけましょう。子どもは身近な大人のことばをまねて覚えていきます。普段友だちと話している

ようなことばづかいではなく、丁寧なことばを使うことが求められます。先生や保護者に対しては正しい敬語を使いましょう。元気よく挨拶をすることも心がけましょう。

また、保育や教育の場では、子どもの命を預かっています。自分の勝手な判断で行動せず、職員に確認を取りながら動くようにしましょう。報告・連絡・相談が子どもを危険にさらさないために重要となります。

さらには、保育や教育の場で知り得た個人情報は漏らさないようにしましょう。ボランティア先の行き帰りに一緒に参加した友だちと子どもたちの個人名をあげてその日の出来事を話すことや、自身のブログやツイッター等のメディアにボランティアやインターンシップの詳細について載せることなどはしないようにしましょう。

その他の配慮としては、ボランティア活動中における事故に備えて「ボランティア活動保険」に加入することも検討しましょう。主に各都道府県および市区町村にある「社会福祉協議会」において、加入手続きをするようになっています。

ボランティアは、受け手と担い手双方の関係性が大切です。ボランティアを行う側が自分の都合を優先して、好き勝手してよいものではありません。ボランティアは、受け手に喜んでもらえてはじめて価値のあるものになるのです。

6) 実習・就職とのかかわり

保育者を目指す学生のなかには、実習終了後に、実習先で継続的にボランティアを行っている人が多いようです。一定の実習期間だけでは子どもと接する機会は限られており、ようやく子どもと仲よくなって、保育者の仕事がわかりかけた頃に実習が終わってしまったと感じる場合も少なくありません。また、子どもの成長を知るには、継続して子どもの姿を見ていく必要があります。

❸積極的にボランティアに参加しよう

　実際の保育の場で子どもとかかわりながら学んでいくことは，保育者としての成長を大きく促してくれます。それに，実習に来ていた学生であれば，ボランティアとして受け入れてくれる場合が多いでしょう。

　実習終了後もボランティアとして園に行っている学生からは，「実習中は記録や研究保育の準備に追われて余裕がなかったけど，ボランティアでは保育を楽しむことができるようになった」「おとなしくて休みがちだった子どもが太鼓をとおして次第に成長する姿がみられてうれしかった」「トラブルの対処もスムーズにできるようになってきた」「保護者と話す機会が増えた」「実習の時には積極的に聞けなかったことが，先生方と仲よくなるにつれ気軽に聞けるようになった」などという意見が出ています。

　ボランティア先として，実習先の他にもう一つ検討したいのが，就職を希望する園や施設でのボランティアです。現在，保育者として就職して1年足らずで離職してしまう人が増えており，その主な原因は職場での人間関係だといわれています。各園の保育方針や保育方法，職員の構成，職場での人間関係などは千差万別です。自分に合うかどうかは，実際に働いてみなければわかりません。就職を希望する先でのボランティアをとおして，本当にここで働きたいかどうかを考えてみるのもよいのではないでしょうか。

　また，受け入れる側も，ボランティアをとおしてみなさんの動きや人柄を見ることができるため，「就職試験を受けてみませんか」と声をかけてくれる場合もあるようです。

　就職を考えているところ以外においても，いろいろな保育の場のボランティアに参加することは，実習先での保育とはまた違った保育を学ぶ機会となり，みなさんの視野を広げてくれることでしょう。

やってみよう！　　　　　　　　　　　　　▶記入シートはp.113

③　身近にどのようなボランティアがあるか調べ，参加したことのある人から具体的な取り組みについて話を聞いて，まとめてみましょう。

コラム　採用試験ってどんなもの？

●採用試験に合格する＝幼稚園・保育所・認定こども園の先生になる●

　みなさんが幼稚園や保育所，認定こども園の先生になるには，「採用試験」を受けなければなりません。このことはきっとみなさん知っているでしょう。ある意味，この試験に合格することは，採用された園が，みなさんを先生として必要としているということになります。

　それでは，そういった先生になるための受験資格はどうなっているのでしょうか。幼稚園や保育所，認定こども園の先生になるには，基本的にはみなさんが入学している（これから入学する）大学や短期大学，専門学校において，「資格」（保育士），「免許」（幼稚園教諭）に必要なだけの「単位」をとることが前提になります。

●採用試験の時期っていつ？●

　採用試験はいつごろ行われるのかということですが，市町村が運営する「公立」の場合と，お寺や教会，個人経営者が運営する「私立」の場合では，少し異なるようです。公立の場合には，早いところは7月から，主に9月後半から10月前半ごろが多いといわれます。私立の場合には，その園によって実施時期がまったく異なります。早いところであれば，5月から6月ごろ，遅いところであれば2月から3月ごろに行われています。みなさんは自分が行きたい（働きたい）と思う園の試験がいつごろ行われるかを忘れないようにしておかなければなりません。メモをとる，試験に関するパンフレットなどを事前に取り寄せるなどして，気をつけておきましょう。

●試験の情報はどうやって知るの？●

　基本的に保育所や幼稚園，認定こども園の試験の情報は，公立，私立にかかわらずインターネットなどを活用して入手できます。公立の場合には，主にみなさんの受験したい市町村の役所のホームページ，市町村の出している広報誌などを

見れば，およそわかります。受験する年の5月ごろには発表していることが多いので，注目して見ておきましょう。私立の場合には同じようにインターネットを活用してその園のホームページを調べたり，実際にその園に出向いて試験情報を聞くなどします。また私立の場合には，多くの園が集まって試験をするといった「合同採用試験」などが行われることがあります。この試験についてもインターネットで調べたり，採用試験事務局からその資料を取り寄せたりすることも簡単にできるので，知っておくとよいでしょう。

● 試験の内容ってどうなっているの？●

公立と私立ではやや異なることがあるようです。

公立の場合には，①筆記試験（一般教養，保育や教職に関する教養・専門科目，論作文），②面接（個人面接，複数面接，集団討論），③実技試験（ピアノの弾き歌い，器械運動，ダンス，絵を描く，製作など）があります。一次試験に通過しないと二次試験には進めません。二次試験もしくは三次試験を通れば合格したということになります。

一方，私立では，一般常識や専門科目の試験と面接を組み合わせた試験を行う園や，面接のみで合否を判定する園がありますので，受験の前に各自でよく調べておく必要があります。特に面接や実技については，お世話になっている先生などにすすんで相談しておくとよいでしょう。

● 最後まであきらめない ●

みなさんのなかで試験が好きな人はほとんどいないと思います。誰だって目指している先生になりたいのです。だからこそ試験の時には，全力でのぞむことが大切になります。自らの希望と夢を信じて前向きに取り組んでいきましょう。一生懸命がんばったごほうびに，みなさんは「合格」をいただけるものと思ってください。みなさんを応援していますよ。

（旭川荘厚生専門学院専任教員　石原典子）

Chapter 4
子どもをみるまなざし

　子どもは生後数年の間に驚くほどのスピードで成長していきます。小学校に上がる頃には、「おっぱいを飲んで泣いてばかりいた子がこんなに大きくなって……」と、お母さんたちは子どもの成長を感慨深くふり返ることでしょう。しかし、子どもは一足飛びに大きくなるわけではないのです。

1 赤ちゃんはすごいんだ！

　「赤ちゃんは毎日おっぱいを飲んで寝ているだけだからいいよな」。こんなふうに考えている人はいませんか？　とんでもない！　赤ちゃんはとても有能で、とても忙しいのです。

　例えば、生まれて間もない赤ちゃんでもお母さんの声とお母さん以外の人の声を聞き分けることができます。妊娠中のお母さんが大きなお腹に語りかける姿を目にしたことはありませんか？　妊娠中に話しかけたお母さんの声を、赤ちゃんは覚えているんです。また、生まれてすぐの赤ちゃんでも音源を理解できますし、4か月頃には、似ている音を聞き分ける力もみられるようになります。

　一方、生後間もない赤ちゃんの視力はおよそ0.01と低く、お母さんの顔もまだぼんやりとしか見えません。しかし、生後2か月頃には目や鼻、口などの位置から人の顔とそうでないものを判断できたり、3か月頃にはお母さんと他の人の顔を区別できるようになります。同じ頃には奥行きがわかるようになり、深い段差を怖がるようにな

赤ちゃんにとって身近な遊び道具は「自分の手」（ハンドリガード）

ります。階段を慎重に片足ずつ降りるようになるのは奥行きがわかるようになったからなのです。

　この他にも，生後3か月の赤ちゃんは1週間前のことを覚えていますし，生後1か月の赤ちゃんでも異なる色を見分けます。赤ちゃんは，生まれたその瞬間から，いろんな力を身につけようと毎日忙しく生きているのです。

❷ 愛情に満ちた親との絆が意味するもの

　赤ちゃんはどうしてお母さんを恋しがり，甘えるのでしょうか。おっぱいをもらえるから？　おむつを替えてもらえるから？　いいえ，それだけではありません。赤ちゃんは，お母さんから微笑まれたり，話しかけられたり，あやされたりすることで，「お母さんのそばにいると安心する」「お母さんに守られてうれしい」といった気持ち（基本的信頼感）を育てていきます。

　お母さんとの愛情の絆（愛着）は，生まれてすぐにはみられません。生まれて間もない赤ちゃんは，お母さん以外の誰にでも愛想をふりまき，笑いかけます。お母さんとそれ以外の人を区別し，お母さんに対して笑ったり声を出すことが増えるのは生後3〜6か月頃であり，この頃から愛着が徐々に築かれていきます。

　生後6か月を過ぎると，愛着がより一層強くなり，お母さんが行くところにはどこにでもついて行ったり，お母さん以外の人が抱っこしようとすると激しく泣いて嫌がる姿（人見知り）がみられます。

　2・3歳を過ぎると，お母さんと少しくらい離れても平気な姿がみられるようになります。これは，お母さんに対して愛着が築かれたことの証です。保育所でお母さんと別れるのを泣いて嫌がる姿が減ったように感じるのはこの頃です。子どもはお母さんと別れるのがまったく平気なわけではなく，愛着が築かれているからこそ，「お母さんはお仕事に行かないといけないんだ。迎えに来てくれるってわかっているから泣かないよ」という気持ちをもって，お母さんと笑顔でお別れできるのです。

❸ 話せるようになるまで

　生後間もない赤ちゃんは，言葉を話すことができません。しかし，言葉がなくてもお母さんと赤ちゃんのコミュニケーションは立派に成立しています。例えば，赤ちゃんは，おむつがぬれた時に泣いたり，お腹がいっぱいでご機嫌(きげん)になった時に「アーアー」という声を出したりします。お母さんは，赤ちゃんの発声や泣き声から，その気持ちを読み取ろうとします。また，「あのぬいぐるみ，かわいいね」とお母さんが指さすと，赤ちゃんはお母さんが指さすぬいぐるみを見ます。これは共同注視といって，お母さんと赤ちゃんとの大切なコミュニケーションです。言葉はなくても，お母さんと赤ちゃんは会話しているのです。

　生まれて半年を過ぎると「マンマンマン」「ババババ」といった，一続きのことば（喃語(なんご)）が，1年が経つ頃には初めての言葉（初語）がみられます。イヌを見ても，ネコを見ても，ウサギを見ても「ワンワン」と言うなど，この頃の赤ちゃんは一つの言葉でいろいろなものを表そうとします。1歳半頃には，「コップ，ないない」のように，二つの言葉を組み合わせて話をするようになります。ここから，赤ちゃんはたくさんの言葉を急速に取り込んでいきます。「あれは何？」「これは何？」「どうして丸いの？」「どうして泣いているの？」と，お母さんが質問攻めに合うようになるのはこの頃からです。

　このように，特に生後2年までの間，子どもの言葉にはめざましい発達がみられます。その発達が，お母さんや保育者といったまわりの大人たちによって支えられていることは言うまでもありません。

❹ 自分を主張する，集団に合わせる

　子どもは大きくなるにつれて，集団のなかで行動することが多くなっていきます。集団における他者との関係性のなかでは，どのような力が育っていくのでしょうか。

1) 自分の気持ちを主張する力

　生まれたばかりの赤ちゃんは，自分と他人の区別がついていません。区別できるようになる一つのきっかけは名前の理解です。1歳を過ぎると，名前を呼ばれるとにっこりしたり，手をあげて応える姿がみられます。1歳2か月頃には，自分に名前があるということがはっきりとわかるようになります。

　同じ頃，子どもは少しずつ母親から心理的離乳をはかろうとしはじめ，2歳頃にはいろいろな場面で「自分でできる！」「わたしがするの！」と主張をはじめます。このような自己主張は徐々に強くなり，3歳頃までには第1次反抗期に突入します。食事や排泄の拒否，激しい感情表出，親への不服従など，強い自己主張がみられます。しかし，子どもは自分の主張が受け入れられないことをここで経験することで，「自分と他人が思っていることは違う」ことに気づき，それぞれの人が，違う思いや意図をもつことを知ります。ここから，自己中心的な考えからの脱却がはじまります。

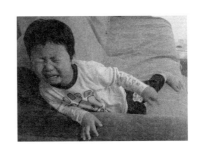

　この時期では，子どもの行動を禁じ大人の考えに従わせるのではなく，子どもの「自主性」を大切にし，思いを尊重した働きかけを行うことが大切になってきます。

2) 決まりを守る力

　2・3歳の子どもはルールを守ることが難しいとされています。そもそも，まだルールの意味が理解できません。「ルールとは何なのか」「ルールは守らないといけないのか」をどのように伝えていけばよいのでしょうか。

　この時期の子どもでも，「ご飯の前には手を洗ってね」「おもちゃで遊んだら片づけようね」と大人が声をかけると，「手を洗いたくない」「片づけたくない」と思いながらもその言葉に従うことがあります。この時，子どもはそれをルールだとは考えていません。ルールの意味がまだわからないからです。でも，

毎回同じように手洗いや片づけを促す言葉をかけることによって，「ご飯の前には手を洗わないといけないんだ」「おもちゃで遊んだら片づけないといけないんだ」と，「義務感」を感じるようになります。これがルール理解のはじまりです。「言ってもわからないから」と言葉をかけないのでは，子どもはいつまで経ってもルールを理解できないままなのです。

　4・5歳頃になると，ルールの意味がわかるようになり，守ろうとする姿がみられます。ここで重要なのが「ルールを守る友だち・大人」の存在です。まだまだ自分中心の気持ちが強いこの時期の子どもは，「したいこと」に反してルールを守らなければならない場面では，自分の欲求を優先させることが少なくありません。しかし，ルールを守る，あるいはルールを守ってほめられる友だちの姿を見ることで，「やっぱりルールは守らなきゃ」「ぼくも片づけをしてほめられよう！」と，次第にルールを守るようになっていきます。このようにして，子どもは徐々に「自律性」を身につけていくのです。

　子どもが見ているのは友だちの姿だけではありません。大人がルールを守る姿を子どもに見せることは，「ルールは守らないといけない」という子どもの気持ちをより一層強くします。「子どものお手本になるように行動しよう」という保育者の思いは，子どもがルールや決まりを守る場面で必ず生きてきます。

3）思いやる力

　「一人の赤ちゃんが泣き出すとつられて他の赤ちゃんも泣き出してしまった」という場面に出会ったことはありませんか？　これは，赤ちゃんが他の赤ちゃんの悲しい気持ちや嫌な気持ちに共感していることの表れです。人を思いやる力の基礎には，この共感する力（共感性）があるといわれています。

　共感性を育むには，大人による日々の言葉がけが大事だといわれています。みなさんは，子どもが友だちを突き飛ばして泣かせてしまった場面でどのような声をかけますか？　「突き飛ばしたらだめでしょ！」「お友だちは痛かったと思うよ」「そんなことする子は赤ちゃん組に行って下さい」この他にもいろいろな言葉を思いついたのではないでしょうか。

　このなかでも，「○○しちゃだめ！」と禁止や抑制の言葉のみで子どもの行

動をコントロールする方法を「力中心のしつけ」といいます。なかにはこの言葉と一緒に子どもを叩いたり部屋から閉め出す親もいるかもしれません。しかし，子どもは暴力や脅しからは何も学びません。いけない行動をとめることはとても大切ですが，「なぜいけないのか」という理由を告げていないため，子どもはその場では行動をやめても別の場面では同じ行動を繰り返します。

次に「○○する子はお母さんの子／このクラスの子ではありません」と，愛情を盾に子どもの行動をとめることを「愛情の除去」といいます。子どもは「大好きなお母さん／先生に嫌われたくない」一心でその場では言うことを聞きます。でも，子どもが学ぶのは「悪いことをしたらお母さん／先生に嫌われてしまうかも」という恐怖であり，「なぜしてはいけないのか」ではありません。

一方，「○○だから××しちゃだめ」「自分が同じことをされたらどんな気持ちになる？」と，してはいけない理由を伝える，あるいは友だちがどんな気持ちになっているか想像するような言葉をかける「誘導的しつけ」は，共感性を育む上で最も有効な手段であるといわれています。まず，子どもは「なぜしてはいけないのか」を知ることで，親や保育者が行動を戒めたことに納得します。さらに，友だちがどんな気持ちになるかを考えることで，「自分だったら嫌だ」「かわいそうなことをした」と考えることができるようになります。

子どもに何かを伝えたい時，大切なのは「その言葉で子どもが何を学ぶか」を考えることです。力で相手をコントロールする方法を学ぶのか，恐怖心を学ぶのか，それとも共感することを学ぶのか。どのような言葉をかけられるかで，1年後の子どもの育ちはまったく変わったものになるのです。

ここで紹介したものは，子どもの発達のごく一部です。子どもを見る視点を養うには，まず子どもを知ることが大切です。「子どもを知りたい」という思いが，保育者としてのあなたをきっと成長させてくれるはずです。

● やってみよう！ ●　　　　　　　　　　　　▶ 記入シートはp.113

① 赤ちゃんができることにはどんなことがあるか，調べてみましょう。
② 集団のなかで育つ力には，どのようなものがあるでしょうか。その力を育むにはどのような働きかけが有効かについてもあわせて考えてみましょう。

Chapter 5
障害のある子どもについて知っておこう

1 障害ってなんだろう？

　みなさんは「障害」と聞いて何を思い浮かべますか？「目がみえないこと」「耳が聞こえないこと」「歩けないこと」といったように，できないことを思い浮かべる人は多いのではないでしょうか。

　例えば，車椅子に乗っている子どもが通う学校や通学路に，スロープやエレベータ，障害者用トイレがなかったとしたらどうでしょう。通学や教室移動などが自由にできず常に支援が必要となり，その子ども自身とても不自由な思いをすることでしょう。でも，バリアフリー化により行きたい時に行きたい場所に行けたら，その子どもが感じる暮らしにくさは少なくなることでしょう。

　このようにみると，「障害」は本人を取り巻く環境によって全く違うものになってきます。つまり，「その人が生活のなかで感じる暮らしにくさ」を重くするのも，軽くするのも，私たち社会のあり方が深くかかわっているのです。

　ところで，障害のある人はどのくらいいるのでしょうか。「平成27年版障害者白書」では，人口1,000人当たり，身体障害者は31人，知的障害者は6人，精神障害者は25人であり，およそ国民の6％が何らかの障害を有していることが示されています。また，2012（平成24）年に行われた文部科学省の調査では，発達障害の可能性がある児童生徒が6〜7％いることがわかりました。2005（平成17）年の「障害者の社会参加に関する特別世論調査」でも，自分や家族等身近な親族に障害のある人がいる割合は約2割でした。障害のある人の問題は特別なことではなく，私たちに身近な問題であるということができます。

1) 障害を理解しよう

　障害には，車椅子に乗っている，補聴器（ほちょうき）をつけているなど見た目でわかりやすい場合があります。一方で，わがままな子，しつけ不足と見られてしまい，それが障害によるものと理解されにくい障害もあります。

　ここでは，見た目では理解されにくい障害として，知的障害（知的発達の遅れ）と発達障害（行動面や社会性の発達の偏（かたよ）り）について紹介します。難聴（なんちょう）のお子さんが補聴器を必要とするように，いずれの障害も環境やかかわり方の工夫が必要です。

(1) 知的障害

　知的障害とは，発達期に脳に何らかの障害を受けたために知的な発達が遅れ，社会生活への適応が著（いちじる）しく困難となることをいいます。

　知的障害にはさまざまな原因があって，原因を特定できない場合や，いくつもの原因が重なる場合もあります。

　知的障害といっても，一人ひとりに違いがあります。ことばがなかなか通じない人もいれば，簡単な会話ができる人もいます。ことばや運動など発達全般に遅れがみられる場合には比較的早期に気づくことができます。しかし，身体や運動発達に遅れがみられにくい場合には，話が理解できずに困っていることに気づかれにくく，失敗や叱られる経験が多くなり自信をなくしてしまう子どももいます。

　知的障害は発達に少し時間がかかりますが，一人ひとりの障害の状態に合わせて，具体的に，ゆっくり，繰り返しかかわることで，生活する力を育て高めていくことができます。

(2) 発達障害

　発達障害とは，自閉症（じへいしょう）スペクトラム障害や注意欠如多動性障害（ちゅういけつじょたどうせいしょうがい）（ADHD），学習障害（LD）などの総称です。主に，自閉症は社会性の面で，注意欠如・多動性障害は行動面で，学習障害は学習面で発達の偏りがあり，その発達の偏りによって日常生活で困難を示すことになります。

　発達障害は何らかの脳の障害が原因とされています。心の病気や本人の性

格，親の育て方，虐待，愛情不足などが原因で発達障害になるわけではありません。しかし，発達障害が注目されるようになったのは最近のことなので，障害に気づかれにくかったり，「変わった子」「しつけ不足」などと誤って認識されるケースも多くみられます。そのため，一生懸命やっているのにうまくできず，つらい思いをしている子どもや，子どもにどう対応してよいか相談できずに悩む保護者もいます。

そのため，発達障害者支援法に基づき，発達障害の早期発見や，乳幼児期から生涯にわたる支援について取り組まれています。また，学校教育においても発達障害の子どもへの適切な支援を行うため，すべての幼稚園・小学校・中学校で特別支援教育の取り組みが進められています。

2） 自閉症スペクトラム障害ってどんな障害なの？

ここでは，発達障害の代表例として自閉症スペクトラム障害を取り上げ，その特徴と支援のポイントについて説明します。

（1） 特　　徴

自閉症スペクトラム障害は，脳機能の生まれつきの障害により，見たり，聞いたり，感じた刺激をうまく処理することに困難があります。このため，次のようなさまざまな特徴を示します。

① 人とかかわることが苦手です。例えば，名前を呼んでも振り向かない，友だちと遊べない，自分勝手に見える行動が多い，などです。

② コミュニケーションをとることが苦手です。例えば，独り言が多い，同じ話や質問を繰り返す，などです。言葉が話せない人もいます。

③ 特定の物や場所，時間などに強くこだわります。例えば，物の並べ方や水にこだわる，などです。また，手をヒラヒラ動かす，ピョンピョン飛び跳ねる，などの行動がみられる場合もあります。

これらの特徴が幼少期より出現しますが，気づかれない場合もあります。また，知的障害を併せもつタイプもあれば，知的な遅れがないタイプもあります。また，能力に大きなばらつきがあることも特徴で，言葉が話せなくても，文字や計算，パズルなどがとても得意な子どももいます。箸は上手に使えなくても，

図画工作はとても得意ということもあります。

　自閉症スペクトラム障害の子どもは，人からの働きかけや環境の変化をうまく理解できないことが多いため，不安になったり混乱したりします。そのために一見奇妙な行動をとることもありますが，それは，わがままやしつけができてないからでなく，その子どもなりの不安の表れなのです。

（2）支援のポイント

・目で見たものを覚え，理解することが得意な子どもが多いので，写真や絵，文字などの視覚的な手だてが有効です。
・言葉を理解できない子どもも多いので，具体的な物，絵，写真，文字，身振りなどを用いることで，何を言われているか理解できるように伝えるとよいでしょう。
・先の見通しがもてなくなると不安になって混乱します。例えば，一日の予定や着替えの手順などを，絵や文字によって目で見えるように工夫してあげましょう。
・「○○しない！」と否定的(ひてい)な言葉がけではなく，「○○しよう」「○○しましょう」と肯定的(こうてい)な言葉がけが効果的です。

4)「ちょっと気になる子」ってどんな子？

　近年，保育の現場では「ちょっと気になる子」という言葉がよく聞かれるようになりました。言葉がなかなか出てこない，友だちとうまく遊べない，落ち着きがない，など同じ年齢の子どもたちと比べて心配なところがある，といった子どもたちのことです。具体的に，次の事例を見てみましょう。

> 　4歳児クラス担任のゆみ先生は，けんちゃんのことが気になっています。けんちゃんはとても元気な男の子なのですが，落ち着きがなく集団での行動がうまくできないのです。今日は幼稚園の発表会。ゆみ先生は，ホールに行く前に「きちんと椅子に座って，最後まで発表を見ましょう」とけんちゃんと約束しました。発表会がはじまりました。しかし，10分もしないうちにけんちゃんは座っていることができずウロウロしはじめました。「お約束したのにどうして守れないの！」。結局，今日もけんちゃんを叱ってしまうことになりました。

　落ち着きがなかったり，友だちとうまく遊べなかったりすることは，子どもであれば一時的にはよくみられるものです。成長・発達とともに行動が落ち着くこともあれば，環境が変わることで改善することもあります。また，保育者の主観によって，「気になる」「気にならない」が違う場合もあります。そのため，「ちょっと気になる子」は，意味合いがかなりあいまいな呼称であることを念頭に置く必要があるでしょう。そのなかで，原因の一つとして発達の遅れや発達の偏りがみられる場合があります。先ほどの事例でいえば，もしかしたら，けんちゃんには知的な発達の遅れがあり，約束の内容が理解できていなかったのかもしれません。また，行動面や社会性の発達に偏りがあって，集中できる時間が短かったり，大勢のなかで過ごすことが苦手だったのかもしれません。発達の障害がある場合，その特性を理解したかかわりが必要です。ゆみ先生も一生懸命にけんちゃんにかかわっていますが，けんちゃんも困っていることを理解し，どういうかかわり方をすればよいのかをさぐることで，けんちゃんが「ちょっと気になる子」ではなくなることもあるでしょう。

❷ 共に生きる

わたしたちは，
弟のなぞをときあかそうとしています。
弟の名前はトビアス。
まだ，あかちゃんです。

(セシリア・スベドベリ編／山内清子訳：
わたしたちのトビアス, 偕成社, 1978)

　これは，『わたしたちのトビアス』というスウェーデンの絵本の書き出しです。弟のなぞとは，ダウン症（知的障害の一つ）のこと。両親から弟の障害について知らされたトビアスのきょうだいたちが，トビアスと一緒に生活することを通して，見たこと，感じたこと，考えたことがありのままに描かれています。

　たとえ障害があろうと弟トビアスの存在がどんなに大切か，障害のある人もない人も一緒に暮らしてわかり合うことがどんなに大切か，この絵本は私たちに多くのことを伝えてくれています。

　保育者を目指すみなさんは，子どもに障害があってもなくても，トビアスの家族のようにお互いを尊重する心をもつことが必要です。親や保育者のような身近な大人から個人の人格を尊重されたなかで子どもたちが育つことが，共に生きるという共生社会の実現のためにとても大切なことなのです。

やってみよう！　　　　　　　　　　　　　　▶ 記入シートはp.114

① 障害について描かれた絵本や文学作品，映画，親の手記を探してみましょう。
② ①で探した本や作品から一つ選んで，内容をまとめてみましょう（障害のこと，本人や家族の気持ちの変化，周囲の人とのかかわり，など）。

Chapter 6

子どもとともに楽しむ遊び

　　　遊びをせんとや生れけむ　戯れせんとや　生れけん
　　　遊ぶ子供の声きけば　我が身さえこそ　動がるれ

（『梁塵秘抄』より）

　この歌にふれると，群れて遊ぶ純真な子どもたちの楽しそうな声が聞こえてくるようです。そして，遊びが人にとって，ことのほか子どもにとって，かけがえのない大切なことであると感じられます。この歌は平安時代のものといわれ，はるか昔から子どもと遊びと大人との関係の深さがうかがわれます。

　子どもたちは群れて遊ぶなかで，遊び方をいつの間にか学び，うれしかったり悔しかったり約束事を守って遊ぶ楽しさや工夫する楽しさ，達成感や満足感を体感してきました。そして心も体もたくましく成長していました。また大人とともにさまざまな体験をするなかで，生きる力を身につけてきました。そして大人も子どもたちの遊ぶ姿や声から，安らぎや元気をもらってきました。

　子どもたちに"サンマ"すなわち仲間・空間・時間の3つの間がなくなったといわれはじめてから，もう数十年が経ちます。この3間をなくした子どもたちには遊び方が伝承されず，子どもたちが集まっても以前のように群れて遊ぶことができなくなっています。

　あなたは子どもの頃にどんな遊びをしていましたか。思い出に残っている楽しかった遊びを，子どもたちに伝えてあげてください。遊びの楽しさを伝える力は，自分が体験しているものほど強いものはありません。これから懐しい遊びを紹介しますので，それらをきっかけにして，楽しかった遊びを思い出してみましょう。そして，心がわくわくしてきたら，体験したことのない遊びにもチャレンジして，子どもたちとともに遊びの世界を広げていきましょう。

　「遊び方がわからなーい！」という子どもたちに，「じゃあ一緒に遊ぼっ！」と言える保育者を目指しましょう。

❶ わらべ歌にはふれあいがいっぱい

　人は人とふれあい，肌のぬくもりをしっかり感じることから自分のことを大切な存在であると感じ，自立していく力をたくわえていきます。少子化，核家族化，過疎化の社会のなかで，子どもも親も，都会の子も地方の子も，ふれあうことが激減しています。保育のなかにしっかり，ふれあうことを取り入れていきましょう。わらべ歌にはふれあいがたくさんあります。

♪「にんどころ」

　　こーこは　じーいちゃん　にんどころー
　　　（抱っこして節をつけて語りかけながら，優しく額をなでる）
　　こーこは　ばーあちゃん　にんどころー（あごをなでる）
　　こーこは　とーさん　にんどころー
　　　（片方のほっぺをなでる）
　　こーこは　かあーさん　にんどころー
　　　（もう片方のほっぺをなでる）
　　だいどー　だいどー（鼻の上からゆっくり下へなでる）
　　こちょ　こちょ　こちょ（あごの下をくすぐる）
　　※ゆっくり語りかけるように歌いながら，
　　　顔をなでてあげましょう。

♪「かごめかごめ」

※ルールを簡単にして3歳くらいから一緒に遊べます。

❷ 自然は友だち──自然にしっかりふれて遊ぶ──

　幼児期は直接自然にふれる体験をとおして，五感を豊かに育てることが発達の重要な課題です。草むらに寝転がったり，雲の形を楽しんだり，砂や水で遊んだり，風や雨を感じたり，動物たちと出会うことも楽しい遊びです。安全で豊かな自然を身近に探すことは難しくなってきていますが，どこかにきっとふれあえるところがあるはずです。探してみましょう。

＜エノコログサ落とし＞
エノコログサの穂(ほ)を逆さまにして握(にぎ)り込み，数名で輪になりよーいドンで拳(こぶし)を緩めたり絞ったりして，早く拳のなかから上に登りきった人が1番。

＜色水遊び＞
朝顔の咲き終えた花びらと水少量をナイロン袋に入れてもみます。色が出たら水を足し，染(そ)め物遊びやジュース屋さんごっこが楽しめます。

＜どろだんご＞
① どろどろの土を丸める。
② 乾いた土を何度もかけ，しっかりにぎって丸める。
③ さらさらの土をかけ，指の腹で余分な土を落とし仕上げていく。

※③を何度もくり返していくと，ピカピカ光りだしますよ。

③ 体を思いっきり動かして遊ぶ

　体を思いっきり動かすことは気持ちがよく，元気な体づくりにも欠かせません。また，ルールのある遊びをとおして，社会性や集中力・忍耐力(にんたい)など，人として大切な生きる力を身につけていきます。子どもたちの発達に寄り添いながら，しっかり体を動かす遊びを体験させてあげましょう。

＜鬼ごっこ＞
　まずは保育者が鬼になって追いかけ，子どもたちが逃げる（追いかけられる）楽しみを味わうところからはじめましょう。色鬼，高鬼，氷鬼，手つなぎ鬼，しっぽとり，けいどろ…。鬼ごっこはいろいろありますね。あなたはどんな鬼ごっこをしましたか。

④ お話は心の栄養

　幼児期は言葉が育つ時期であり，また，空想の世界へ自由に入っていって存分に遊ぶことができます。素話(すばなし)や絵本，紙芝居(しばい)など，子どもたちはお話が大好きです。テレビを見ることより前に，あなたの温かい生の声で子どもたちにお話の世界を届けてあげてください。子どもたちは喜んで聞いてくれますよ。

1) 素話

＜にんじんと大根とごぼう（日本の昔話）＞

　昔むかし，にんじんさんとごぼうさんと大根さんがおふろをわかしたんだって。真っ先にごぼうさんが入ったのだけれど，熱くて熱くてたまらない。ろくろく洗いもしないで飛び出したんだって。

　次に，にんじんさんが入ったのだけれど，にんじんさんは熱いのを我慢して，よーく暖まったんだって。

　最後に大根さんが入ったんだって。大根さんは，いいくらいに水で薄めて，よーく暖まって，よーく洗ったんだって。

　それでいまでも，ごぼうは黒いし，にんじんは赤いし，大根は真っ白なんだって。

　　　　　　　　　　　　　　　　　　　　　　　　　おしまい

2) ペープサート（紙人形芝居）

　小さい子どもたちは，お話をイメージするのに絵があると助けられます。ペープサートは江戸時代からあった「立絵（たちえ）」をヒントに，日本で生まれた保育教材です。子どもたちはペープサートを見ることも，自分で紙人形を演じることも大好きです。簡単にできますから作ってみましょう。

　子どもたちはお話を聞いて，言葉からのイメージを楽しみ，次にそのイメージを絵に描き，紙人形を作って何度もペープサートで遊び，そして次に劇にして遊んだりします。

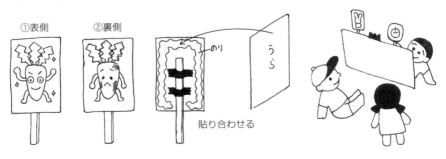

❺ 古くから伝わる日本の文化：折り紙

　古くから伝わってきたわが国の文化として，折り紙があります。1枚の紙からいろいろなものができ上がっていく折り紙は，集中力や手先の発達を促すばかりでなく，でき上がった時の達成感や満足感を味わえます。一人でも楽しむことができますが，人とのふれあいも生まれる，すばらしい文化です。

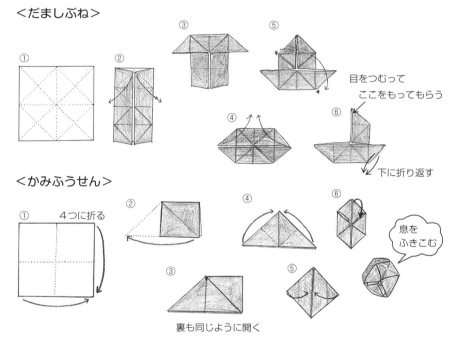

Chapter 6　イラスト：藤井陽子

やってみよう！　　　　　　　　　　　　　　　　▶ 記入シートはp.115

① 自分が体験したことのある遊びと，新しく覚えたいと思う遊びを一つずつ選び，保育の実践資料となるよう，遊びカードを作る準備をしましょう。
② 家族や地域の人から土地に伝わるお話を聞き，レポートしましょう。

コラム 役立つ絵本・歌あれこれ

　保育の現場で必ずといってよいほど読み聞かせが行われているように，絵本は子どもの成長にとって欠かせないものです。絵本では誰もがその世界に入り込み，さまざまな感情を体験できます。それによって子どもの世界が広がり，豊かな人格形成につながるのです。たくさんの絵本がありますが，物語絵本だけでなく，昔話やナンセンス絵本，言葉のリズムや美しさを感じられる絵本や詩の絵本等，さまざまなジャンルの絵本に出会う機会をつくりたいものです。読み聞かせの際は，子どもの発達段階と季節に添った絵本を選び，必ず下読みをしましょう。まずは，保育者自身が絵本を好きになることが，読み聞かせ上達への第一歩です。

物語絵本

『はじめてのおつかい』
筒井頼子　作／林明子　絵／福音館書店
　5歳のみいちゃんには妹がいます。忙しいお母さんに頼まれておつかいに行きますが，無事に牛乳を買って帰れるでしょうか。自分でできたときの達成感と，見守ってくれる母親への安心感を得られる絵本です。

『わたしのワンピース』
にしまきかやこ　作・絵／こぐま社
　空から落ちてきた白い布で，ワンピースをつくりました。「ラララン　ロロロン」とお散歩に出かけると，行く先々でワンピースの模様が変わります。自分に似合う模様はあるかな？と，想像力をかき立てます。

昔話

『かさじぞう』
瀬田貞二　再話／赤羽末吉　絵／福音館書店
　あるところに，貧乏なおじいさんとおばあさんがいました。編み笠作りのおじいさんは，吹雪にさらされている6人のおじぞうさまを見つけ，自分の笠までかぶせて帰りました。すると，おじぞうさまからお返しをもらい，幸せに暮らしました。

ユーモア

『キャベツくん』
長新太　作・絵／文研出版
　ブタヤマさんに食べられそうになったキャベツくんは，「ぼくをたべるとキャベツになるよ」と言いました。「じゃあ，ヘビがきみを食べたら？」と，会話はおかしな展開に…。キャベツと動物が融合してどんな姿になっているか，ワクワクしながらページをめくっていく絵本です。

> ことば遊び絵本

『これはのみのぴこ』
谷川俊太郎　作／和田誠　絵／サンリード
　「これはのみのぴこ」，「これはのみのぴこのすんでいるねこのごえもん」と，次々に物語が広がり，文も長くなっていきます。言葉をつなげていくおもしろさと，言葉のリズムを楽しむ絵本です。

> かがく絵本

『ぼく，だんごむし』
得田之久　作／たかはしきよし　絵／福音館書店
　子どもが大好きな，だんごむしの生態について知ることができる絵本です。読み終わったら，あなたもだんごむし博士に!?　子どもたちと一緒に観察してみてもいいですね。

　保育現場では，歌や曲にあわせたダンス・体操など，子どもたちと体を動かす場面も多くあります。子どもたちは，そういったダンスや体操も大好きです。ここでは，元気いっぱいノリノリで踊れるダンス曲を紹介します。

『ぼくのミックスジュース』
五味太郎　作詞／渋谷毅　作曲
　毎日のなかで沸き起こるいろんな気持ちをミキサーにぶちこんで，ググッと飲みほすと，今日も一日いいことあるかも!?　おいしいミックスジュースが飲みたくなる，楽しく元気な歌です。

『エビカニクス』
増田裕子　作詞・作曲
　この歌が流れだすと，子どもは喜んで踊りだします。「エビ？」「カニ？」と言うときの子どもたちのニヤニヤした顔がたまりません。子どもの興味に合わせて，新しいダンスもどんどん取り入れていきたいですね。

　大好きな保育者や友だちと一緒に絵本を楽しんだり，ダンスを踊ったりすることは，子どもにとって毎日の園生活を楽しく過ごすためにも，大切な時間です。また，子どもの言語能力，表現力の向上にもつながっていきます。保育者自身も一緒に心から楽しむことで，より素敵な時間になることでしょう。

（大阪信愛女学院短期大学専任講師　谷原　舞）

Chapter 7 保育者としてのセンス磨き！さあ，今から身につけよう！

1 子どもにとっての「表現」ってなんだろう？

1) 子どもに芽生える表現

　みなさんが，「表現」というと，きっと，図画工作や美術，音楽や体育の時間などでしたことを思い出すでしょう。なかには国語や課外の時間にした劇や体育の創作ダンスなどが楽しかったという人もいるでしょう。思いついたほとんどのものは正解だと思います。

　しかし，子どもの「表現」はそうしたことの「芽生え」です。保育者は，子どもの経験を大切にし，さまざまに枝葉を広げるであろうたくさんの「芽生え」を発見し，その育ちを信じて，支えてあげることがその役割です。教えこみ，大人の思うような階段を登らせることではないのです。

2) 保育技術とは？

　「保育技術」という言葉があります。それは，子どもを養護(ようご)し，健康に気づかい，人間関係をつくり，言葉を豊かにするなどのいろいろな保育の技術をさしますが，ここでは「子どもの表現」を支えるために必要な保育者のいろいろな技術のことを主に述べます。それは，絵を楽しく描く方法を知っていたり，保育者が紙芝居や絵本がしっかり読めたり，歌の弾き歌いができたりというようなことです。

3) 壁のない子どもの表現

　子どもの表現は，音楽や造形（図画工作・美術）につながっていくものばか

りではなく，身体表現や言葉などにも縦横無尽(じゅうおうむじん)に広がったりもします。そこにはみなさんが思っているような壁はないのです。

しかし，今回は，みなさんがイメージしやすいように，仮に音楽的な要素と造形的な要素に分けて，子どもの表現とそれを支える保育者の技術のことをお話します。それは，時に体育や国語やその他のいろいろな分野にも広がっていくでしょう。

❷ 子どもの表現（音楽）

1) こんな「子どもの表現」は？

音楽とそれに近い表現から，子どもの表現とはどんなものかを考えてみましょう。

例えば，雨の降っている保育所の屋根の壊れた雨どいから，たくさんの雨水がまとまって流れ落ちていると想像してください。そこに子どもが傘(かさ)をもって，その流れのなかに入れたり，出したりしています。そうです。子どもは，そうすることで音の変化を楽しんでいるのです。

これも立派にこの子どもの表現になっていますね。でも，「これ，音楽かしら？」なんて考える人もいるでしょう。しかし，実は，20世紀中頃からはこうしたことも音楽としても認められているんですね。芸術自体もその壁がなくなっていて，みなさんが思っているよりも「音楽」もずっと広いことがらだったりするわけです。だから，子どもの表現を見つけるには，保育者側に音楽だけでなく，すべての芸術に対する広い理解や，いろいろな表現方法のおもしろさを分けへだてなく楽しめる心と経験が必要なのです。

2)「子どもの表現」を支える保育者

　ところで，もし，その場に保育者としてみなさんがいたとしたらどうしますか？　これには，正解はないのですが，不正解に近いことはあります。前後の状況にもよりますが，「雨にぬれるから，早くお部屋にもどりなさい」とか「傘がこわれちゃうよ。やめなさい」などは不正解に近いでしょう。たしかに，この二つは，健康や安全そして「物を大切にする」というような観点では，正解です。しかし，大切な子どもの表現を見落としています。正解に近いのは，保育者が子どものマネをして，子どものしたとおりに子どもの前ですること，この場合なら，傘を雨水の流れに入れたり出したりすることです。「何かおもしろいこと見つけた？」などという言葉がけも一緒に出てくるでしょう。それでよいのです。そして，「それ，本当におもしろいね！」とほめてあげることも大切です。ここで一般的なことを言えば，何らかの子どもの表現があった時の保育者の反応としては，まず，子どものしたことをできる限り正確にマネてあげて，そのおもしろさに心から気づいて感心し，賞賛してあげることです。そうすることで，子どもは自分の行い（表現）が認められて，また，やってみようと安心して表現できるのです。そこには，子どもの成長を応援できた保育者としての喜びがあります。それを見つけることが，保育者の醍醐味といえるかも知れませんね。ここで，さらに「音楽の要素を把握させたい」と大人の階段を見上げさせたいなら，保育者が，「傘を，長めの時間流れに入れ，短めに外に出す」を繰り返して，音の長・短から拍子などを学ばせるようなことにも発展させて欲張ることもできるでしょう。

こんなわけで，子どもの表現は元来，遊びや日常の生活のなかにありますから，保育者には，いろんな引き出しをもち，その場の発展に応じた中身を使い分ける能力が必要なのです。ですから，保育者は子どもの表現に感心ができて，賞賛もできる，芸術の批評家や後援者である必要もあるのです。
　子どもの表現について，少しわかってきたでしょうか？

3) 「歌」と「手遊び」と子ども

　次に保育者にとって「表現のデパート」の主力商品である歌と手遊びのことを，子どもの立場で考えましょう。
　まず，考えることは，子どもはどの程度，歌えて，動けるのかという問題です。例えば，歌うことに関する研究でも，歌える音域は狭いという見解と，いや，とても広いという見解があり，どちらとも言えないようです。ただ，こうしたことを調べる時の「歌わせる」環境は，保育という場面にはそぐわない状況で行われることが多いようです。手遊びなどの動くことも含めて，保育所保育指針では，「保育士等と一緒に歌ったり，手遊びをしたり，リズムに合わせて体を動かしたりして遊ぶ」とその解決策を示しています。「保育士等と一緒に」歌って動くのであり，最終的には「遊ぶ」のです。決して，「美しい声で歌わせる」というような大人のつくった階段を登らせることに保育の中心があるのではなく，保育士等と一緒に歌や手遊びや動きを楽しみ，ともに活動する喜びを味わうことにその目的があるのです。また，発達の段階や，個人による差も大きくその表現に影響しますから，一律に何かをさせようと思うのではなく，それぞれの表現を認めてあげることが一番大切なのではないでしょうか。

4) 保育者の表現とは

　保育者の表現は子どもの表現を支援することが基本ですが，絵本や紙芝居を読むように，子どもに鑑賞させることを主眼にしたものもあり，その場合の表現は，子どもの表現ではなく，保育者としての大人の表現になります。

（1）歌や動きに関する保育者の支え

　子どもの表現を支援する代表的な例は，歌の伴奏でしょう。どの保育所でも，

必ず，ピアノをはじめとしたキーボードがあり，それを使って伴奏しながら，歌を子どもと一緒に歌うわけですね。伴奏の方法にはいろいろあり，伴奏の楽譜どおりに弾けなくても，コードや主な調の主要三和音などをうまく利用すると比較的楽に伴奏することもできて，応用もききます。しかし，伴奏よりも，保育者の歌が優先することはいうまでもありません。たくさんの子どもの歌や大人の歌を知っていて，歌を歌えることは保育者には最低限のこととして必要です。声量も大きいことに越したことはないのですが，小さい声でもあなたが伝えようと思って歌えば，おのずと子どもにも通じます。また，保育者がピアノを弾いて，子どもがそれに合わせて，歩いたり，スキップしたり，止まったりするような活動もよくありますから，そうしたことに利用できる曲をピアノ曲として弾けるようにしておくことも大切です。これは，動きへの伴奏です。

(2) 手遊びの大切さ

みなさん，手遊びは得意ですか？十数年前から保育の現場ではよく用いられるようになりました。これを知っているのと知らないのでは，雲泥の差があり，子どもとの距離を縮めるには大変有効な武器となります。実習生として園にお世話になる際には，最低で

も10曲くらいはすぐにできるようにしておきましょう。表情豊かに歌って，大きく動きをつければ，子どもは釘づけです。これは大人の表現者として，あなたのパフォーマンスを見せる場面ですね。

(3) 読む（語る）こと

こうした大人としてのパフォーマンスを見せる場面は，他にもあります。Chapter6でもふれましたが，「読む（語る）」活動です。昔話，絵本，紙芝居，布パネルに人形を貼りながら語るパネルシアターや，それをエプロン上で行いながら語るエプロンシアターなどがそれにあたります。実は，日本の伝統音楽では，「歌うこと」と「語ること」は，表裏一体の音楽表現なのですが，大切なのは，その登場人物になりきって，語る表現を保育者が自分の表現として工

夫することです。歌舞伎や狂言，人形浄瑠璃（文楽）などの語り方などはとても参考になると思います。実は，絵本などの読み方に関しては，子どもの想像力を高めるために，逆に過剰表現を抑えて比較的平坦に読む方法を取る場合もあるのですが，過剰表現の語りができるようになった上で，比較的平坦な読み方もできるようになることが望ましいでしょう。子どもは保護者と保育者のお話が大好きです。子どもに人気のある保育者はお話上手なのです。

　それでは，以下に自由で広い芸術性を指向している「表現」の精神に沿って，より個性的で素敵な保育者を目指す人が，心がけるべきことを述べます。

　歌の伴奏としては，ピアノやキーボードばかりでなく，ギターやウクレレ，そして，これからは，小中学校で日本の音楽も重視されますので，琴，三味線，三線，歌の伴奏としての太鼓なども，積極的に使っていく必要があります。伴奏ひとつでも，個性的な保育者は子どもにも保護者にも注目されるものです。余暇を使って，こうした楽器を習っておくのも，保育者としては強い力になります。動くことに関しても，ヒップホップダンスを習うのもいいのですが，日本舞踊や仕舞といった日本的な動き方も知っていると子どもの踊りの表現に対応する感性が広がります。そこには，拍に乗らない動きがあり，拍に反応する洋楽をバックにした動きとは大きく異なるリズム感があるからです。これは，子どもやお年寄りも含めた，室町時代以前から現在まで培ってきた日本人の動き方のエッセンスなのです。ヒップホップダンスも工夫しだいですが，子どもやお年寄りには対応しにくいということもあるかも知れません。いずれにしても，子どもの表現を支えるには，既成概念には捕らわれた感性では不十分です。一般的でないマイナーなもののなかにこそ，子どもの表現を支える力があることを肝に命じて，さまざまな芸能やいろいろな表現にチャレンジしてください。

やってみよう！ ▶ 記入シートはp.115

① 子どもがお茶碗やコップを叩いて，その音を楽しんでいます。保育者として，あなたがそこにいたなら，どんなことを言い，どんなことをするでしょうか？

3 子どもの表現を支えるために（造形）

子どもの表現に関する知識と保育の技術についての基本的なポイントを，造形的な要素を中心として七つの観点から説明します。

1) 造形的表現の素地は日常の感性から

（1）美しいものに感動する力を高める

きれいな景色や，一輪の花，夕焼け空の雲など生活のなかで出会う美しいものを見て感動したり，つい見過ごしてしまう紅葉した落ち葉や水面の輝きなど偶然の美しい表情をとらえることを心がけましょう。また，ていねいに作られた工芸品等の美しさにも目をとめましょう。

伝統的なうるしの工芸品

（2）季節の移り変わりに敏感になる

視覚的な小さな変化に気づき，一本の木でも季節によって変わっていく様子に目をとめましょう。芽吹きや開花，結実，落葉に至る過程に関心をもち，植物の成長を楽しみましょう。日没の時刻の変化や日光の強さ，風，雨などによってもたらされる変化を視覚だけでなく五感で感じる習慣をつけましょう。

春の芽吹きと開花，結実

（3）美しくすることに心地よさを感じる

きたない状態をきたないと認識して，掃除をしたり，洗濯したり，片づけたりすることによって環境を美しく整えることを心地よく感じることは大切です。汚れたものをきれいにし，物の集まりに秩序を与えることに気持ちよさを感じることを身近な場で体験してみましょう。

玄関にそろえた靴

（4）生き物に命を感じられる

身の回りの小動物や小さな虫に対し，好き嫌いとは別に命としての尊厳を感じられますか？

子どもたちといっしょに小動物を飼う時も，ただおもしろいと感じるだけでなく，「命ってすごい，生きているってすごい」と感じ，生命を守るために日々世話をするという意識をもちたいものです。

草むらの小さな命

（5）言葉から視覚的イメージを想像できる

お話を読んだり聞いたりして絵本のように具体的な場面を想像できますか？

子どもたちが話しかけた時に話の中身を生き生きと思い描きながら聞くことは，相手の気持ちを思いやる力にも通じるものです。

2) 小さな子どもの絵を見てみよう

小さな子どもたちの絵にはふしぎなルールがあります。子どもたちは描きたいものをどのように描くべきか，その発達段階に応じて工夫しているのです。誰にも描き方を教えられたり，強制されたりするわけでもないのに世界中の子どもたちが共通した絵を描くようです。

2歳11か月　男の子
まだ形にならない線の集合を何枚も何枚も描く。尋ねると，何かを描いたと説明することもある。

3歳5か月　女の子
頭から足が出たような人の絵。円と直線で描いたような表現が特徴。

4歳1か月　男の子
人の形は単純だがコップやストローまで表現している。時には動いた軌跡の線を描くなど絵に込める思いが細やかで，絵をとおして人とコミュニケーションができる。

5歳6か月　男の子
紙の下辺が地面，上方が空という秩序がある。飛行機は上から見たように，家は地上で見たように描かれている。

3）子どもたちの描画材を知ろう

　さまざまな描画材での経験は，小さな子どもたちの表現の広がりをつくります。保育者はそれぞれの性質を上手に利用し，時には2種類以上の描画材を同時に準備します。

表7-1　描画材の種類と性質

描画材	クレヨン	パステル	フェルトペン	水彩絵の具	色紙
性質	不透明で色の混合や重ね塗りに適さないが，とても気軽に使え，保管も簡単。水をはじく。	不透明で粉っぽく色を混ぜたり広げたりしやすいが，周りに付きやすいので定着液で留める。	色彩は鮮やか。透明な種類が多いが不透明なものもあり，油性と水性がある。同じ幅の線が描ける。ペン先が乾燥したりインクが消耗したりする。	保育では不透明な種類を主に使う。色を混ぜたり重ね塗りなどできるが，描画中に色が混ざったり，流れたりするので扱いはやや難しい。	円や三角形，四角形の小片にして貼り絵に使うなど色面として利用する。

4）身近な工作材料に注意を向けよう

　保育の現場では，子どもたちの工作材料は画材店で買うものに限定されません。身近な素材からのインスピレーションによって造形活動を行う場合が多い

のです。それぞれの素材の扱い方や加工法を心得ていると工作のレパートリーも広がります。

(1) 天然素材

日本の風土の中で子どもたちに引き継がれてきた工作遊びの自然素材も近年は手に入りにくくなり，現在では保育者が集めて準備することも多いようです。

表7-2　自然素材の種類で性質

自然素材	土粘土	砂場の砂	小石	木切れ	木の実・葉
性質	丸めたり伸ばしたり，ちぎったりくっつけたり思うように形を変えることができる。とてもすぐれた造形素材。水分の量で固さが変わる。	箱庭のように大きな山や川を想像できるすぐれた遊具。水を加えると粘けがでる。スコップや容器などの道具の準備が必要である。	おもりになるほか，その形から想像できる物に合わせてアクリル絵の具で色を塗り，見立て遊びができる。	木材の切れ端や小さな板は釘を打ったり，のこぎりで切ったりというような特殊な加工をすることで達成感を味わえる。	どんぐりや数珠玉，松ぼっくりは形がおもしろく，子どもたちの人気者。紅葉した楓の葉やいちょうの葉などは貼り付けたりつないだりしてその色や形を活かした飾りができる。

(2) 人工素材

自然素材の減少に反比例するように多くの人工素材が手に入りやすくなっています。その特徴を捉えてうまく利用すると子どもたちの工作の可能性が広がります。

表7-3　人工素材の種類と性質

人工素材	ペットボトル	ビニル袋	紙皿・紙コップ	段ボール	梱包材
性質	水に浮かしたり，液体を入れたりできる。透明で軽い。油性フェルトペンで色をつけることができる。	空気を入れると風船のようにふくらんだ形にできる。カラービニル袋もある。	丸い形やコップの形を利用して切ったり貼ったり色をつけたりできる。	丈夫で木より加工しやすい。中に子どもが入れる大きな工作もできる。	詰めたり包んだりするために作られた物がままごとやお店ごっこなどに利用できる。

5) 造形遊びとは

　子どもたちの表現活動は，絵や彫刻というような既成の分類にあてはめる必要はありません。さまざまな造形素材に親しみ，造形遊びとして自由に表現活動を行います。子どもたちが素材に働きかけることによって変化が起こりますが，保育者は仕かけ人として，環境を準備します。いったん子どもたちが活動をはじめると，保育者は子どもたちの好奇心と創造力がのびのびと発揮されるように援助します。子どもたちが造形遊びのなかで美を発見し，遊びをおもしろいと感じ，新たな発展へとつなげられるように働きかけるのです。時には保育者の予想を超えた方向へ進むこともあるでしょう。それが望ましいものであれば臨機応変に対応することも必要です。

デカルコマニー
　画用紙の半分に複数色の絵の具をたっぷりのせ二つに折って上から押さえて開くともう一方にも絵の具がついて対称形の模様ができます。チョウや花などに見立てても楽しいですね。

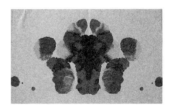

デカルコマニー　5歳児

6) 手作り玩具は得意わざ

　幼稚園にも保育所にも安全で教育的な配慮のある遊具や玩具（がんぐ）がたくさんあります。ボランティアや実習で園を訪れると工夫された玩具に感心することでしょう。それでも子どもたちは，手作り玩具が大好きです。手作り玩具を作れる人は，子どもたちのあこがれの的ですし，子どもたちも熱心にチャレンジします。楽しみながら新しいことに取り組み自ら成長しようとするのです。年齢，季節，場所に合わせて手作り玩具のアイデアをもっておきましょう。

やじろべえ
　両端のおもりが支点の一点でバランスを保ち，揺れ動くので子どもたちにはふしぎに思える玩具です。おもりはドングリや粘土，芋でも作れます。

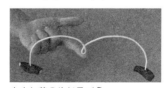

小さな芋のやじろべえ

7) 作って演じてみよう

劇遊びやままごとなど子どもたちが役割になりきって遊ぶ時には、衣装や特別な道具を使うことがあります。また、人形を操ったり簡単な人形を作ったりすることもあります。保育の現場で利用されるペープサートやパネルシアターは保育者が作ったり演じたりするだけでなく子どもたちも作ったり演じたりできるので幅広く利用されています。このような活動では造形表現だけでなく音楽表現、身体表現、言葉の表現を合わせて行うことが多いのです。

ペープサート

江戸時代からあった「見せ物」の手法を、永柴孝堂（ながしばこうどう）（1909-1984）が第二次世界大戦後の日本の保育に取り入れたものです。絵を描いた紙に棒をつけて演じる簡単な方法で幼児にも作ったり演じたりできる楽しい手法です。

ペープサート（6歳児）

パネルシアター

古宇田亮順（こうだりょうじゅん）という人が考案し、1973（昭和48）年以来、保育のなかで広く利用される楽しい表現の方法です。お話をしたり歌を歌ったりしながら絵人形を平面舞台の上に貼り付けたり動かしたりします。パネル布と呼ばれるフランネル生地（きじ）を板に張り付け少し傾斜（けいしゃ）を作って立てると舞台ができます。絵人形はPペーパーとして画材店で売られている不織布を使います。Pペーパーは絵の具、クレヨン、フェルトペンなどで描いたり着色したりでき、必要な形にはさみで切ることができます。

パネルシアター　学生作品

● やってみよう！ ●

② デカルコマニー、やじろべえ、ペープサートを体験してみましょう。

Chapter 8
保育で大切なコミュニケーション

1 保育者は会話上手——いつでもだれとでもコミュニケーション——

1)「ことば」は魔法

　みなさんはこれまでの人生で,とてもうれしい経験や,とてもつらい経験をしたことはありませんか？　そんな時,家族や友人,先生に声をかけられ,うれしさが増したり,つらさが軽くなったり,あるいは怒りが増したり…といったことを経験した人もいるでしょう。

　私たちは周囲の人から言われたことに左右され,気持ちが上がったり,下がったり,反対に何気なく言ったことで人を傷つけます。「ことば」は私たちの気持ちを相手に伝える手段ですが,一歩間違えると,気持ちとは異なった伝わり方をすることもあります。感動や喜びを増す一方で,悲しみや苦しみをも増すこともあり,まるで魔法を使ったかのように一瞬で状況を変化させてしまいます。魔法使いを描いたマンガやアニメはいつもハッピーエンドを迎えますが,私たちはいつもハッピーエンドを迎えるわけではありません。

　しかし,保育者は「よい魔法使い」となって,子どもたちにハッピーエンドを感じてもらう必要があります。それは,子どもは愛され,信頼されることで,情緒が安定し,人への信頼感が育つからです。私たちの「ことば」で悲しい思い,つらい思いをすることは絶対に避けなければならないのです。そのために,私たちは「コミュニケーション」の力を身につける必要があります。

2) コミュニケーション

　コミュニケーションとは,生物が自分以外の生物との間で感情や情報などを

「やりとりする」ことをいいます。

　コミュニケーションの相手は人間だけではなく，動物や植物を相手にしても成立します。例えばペットの猫に話しかける。これもコミュニケーションの一つです。しかし，人間と猫との間や，猫同士のコミュニケーションと比較すると，人間と人間の間で行うコミュニケーションはお互いに「ことば」を使うため，とても高度で情報量の多いコミュニケーションが可能です。

　では，「ことば」を使うことのできない赤ちゃんとは，コミュニケーションができないのでしょうか。実は，コミュニケーションの重要な点は，発信する側が受信する側に対して感情や情報を発信するだけではなく，受信する側が「私に向けてコミュニケーションが行われている」と認識し，それを理解するところにあるのです。赤ちゃんに話しかけたり微笑んだりすると，声のする方向に顔を向けたり，同じように微笑む動作をして働きかけに応じてくれます。赤ちゃんのこのような行動は，言語によるコミュニケーションの基礎になる重要な行動ですが，そのことよりも私たちは赤ちゃんの反応があったことで「赤ちゃんに受け入れてもらった」と喜び，さらに働きかけようとします。このように，発信と受信がお互いに行われることでコミュニケーションは成立するのです。

3) 売りことばに買いことば

　友だちのAさんとBさんがけんかをしています。仲なおりさせようとお互いの言い分を聞くと「Aさんがあんなひどいことを言うからつい私も」「Bさんがはじめに言い出した」と，お互い一歩も譲りません。よく聞くと，お互いにけんかするつもりはなかったけれど，相手の「ことば」を聞いていたら頭にきたので反論していたら，いつの間にかけんかになった様子です。これはことわざの「売りことばに買いことば」のようですね。

　「売りことばに買いことば」とは，相手の乱暴な言い方に合わせて同じように乱暴に言い返すことです。先ほど，コミュニケーションは発信と受信がお互いに行われることで成立すると説明しましたが，この「売りことばに買いことば」も，相手から発信された「ことば」を受信し，それをもとに発信するとい

うやりとりのなかで，冷静な気持ちで乱暴な言い方を止めて，穏やかな言い方で発信するとけんかに発展することはなかったかもしれません。

　場面を変えて考えてみましょう。将来，「子どもとうまくコミュニケーションができない」という保護者からの相談を受けるかもしれません。先の例を当てはめてみると，もしかしたらお互いのやりとりのなかで「売りことばに買いことば」になっているかもしれません。ここで重要なことは，きっかけが誰かではなく，お互いの発信と受信が悪いパターンに固定化されてしまったことに気がつくことです。よい発信と受信ができるようになると，よいコミュニケーションを行えるようになります。もしかしたら，みなさんのまわりでも同様のことが生じているかもしれません。「誰が悪い」ではなく，コミュニケーションは双方のやりとりですから，お互いの発信と受信のパターンが悪かったのでしょう。発信と受信に注目して，コミュニケーションを改善してみませんか。

4）言語と非言語

　「目は口ほどにものを言う」ということわざを聞いたことはありませんか。人の気持ちや考えは，口（ことば）よりも目によく出るという意味のことわざです。これは，単なることわざではなく，心理学的にも明らかにされていることです。

　例えば「とても悲しい気持ち」を友だちに伝えてみましょう。一生懸命に口で言って説明しても，友だちがあなたの「とても悲しい気持ち」を理解する割合は約30％しかありません。残りの約70％は悲しそうな目や，友だちに伝えようとする表情や一生懸命な態度を見たり，いつもと違う元気のないトーンの声を聞くことによって，何かとても悲しい気持ちなのだと理解されるのです。

　人間のコミュニケーションは，「ことば」だけの部分（言語）と，それ以外の部分（非言語）が組み合わさって行われています。「口と態度が全然違うじゃないか」と腹を立てた経験

はありませんか？　人間は，言語の部分では納得できても，非言語の部分で納得できずに腹を立てることがあります。私たちも非言語の部分にも心を配ることでよりよいコミュニケーションを行えるのです。

5) 今すぐ誰にでもできるコミュニケーションの基礎練習

本書をお読みのみなさんが保育者として活躍するまでには，まだ時間があります。すでによいコミュニケーションが行えている人も，あるいはコミュニケーションが苦手な人も，保育者になる前に次の二つを練習してみましょう。

【練習１：先生に挨拶をする】

この時に気をつける点は，①相手に届く声の大きさ，②名前を呼ぶ，③非言語的な部分（声のトーン，顔の表情）に気をつける，この３点です。特に②は重要です。「あっ，○○さんは私に向けて挨拶をしてくれている」と思ってもらえることは，よりよいコミュニケーションにつながります。

【練習２：「ほうれんそう」を行う】

「ほうれんそう」とは，報告，連絡，相談の略です。このほうれんそうは保育者だけではなく，社会人としても重要なものですし，実習でも「ほうれんそう」が求められます。これを学内で実際にやってみましょう。家族や友人でもかまいません。気をつける点は，①事前に内容をまとめておく，②適切なことばで伝える，③非言語の部分（声のトーン，顔の表情）に気をつける，④指示を忘れないようにメモと筆記用具を持参する，の４点です。挨拶と違い，やりとりが必要ですので，特に②③には気をつけましょう。

あくまでも練習ですが，この練習ができなければ，学外での教育実習・保育実習の場面はもちろん，保育者や社会人としてのコミュニケーションに不安が残ります。ぜひ練習して基礎を身につけ，子どもや保護者によりよいコミュニケーションを感じてもらうようにしましょう。

● やってみよう！ ●　　　　　　　　▶ 記入シートはp.116

① 練習１，練習２をふり返ってみましょう。よりよい挨拶，よりよい"ほうれんそう"にするためにはどのような点を改善したらよいでしょうか。

❷ 外国の子どもたちとのコミュニケーション

　保育所保育指針には，外国人など，異なる文化をもった人に親しみをもつことについて盛り込まれています。このような内容について示しておく必要があるのは，保育を行う場においても異なる文化をもつ人々の存在が，どんどん身近になってきていることが理由となります。それは，法務省の統計によって示された在留外国人の数が，2012（平成24）年の224万9,720人から，2015（平成27）年には268万8,288人と，わずか3年で43万人以上も増加していることからもわかります。

　しかし，外国籍の子どもといっても，出身国はさまざまです。東アジア，東南アジア，中東，北米，南米など，多くの国の文化を背景にもつ子どもたちが集まっています。そのため，異なる文化を背景にもつ人たちといかにかかわり，ともに生きていくかということを考えることは大切になってきています。

1）外国籍の子どもの仲間づくり

　外国の文化を背景にもつ子どもは，話す言葉が日本語と異なっていることがあります。言葉が異なることによってスムーズにコミュニケーションを取ることができず，誤った表現をしてしまったり，相手のことを誤って理解してしまったりすることにつながってしまいます。もちろん，円滑にやり取りしている子どもも多いことでしょう。ただし，保護者や家庭による"外国の文化"が及ぼす影響の大きさ次第では，コミュニケーションのあり方に戸惑いを生む可能性もあるのです。相手の気持ちや言葉の裏にある意味を読み取る力をこれから養っていく子どもたちにとって，言葉が通じ合わないということはお互いのストレスになってしまいます。もし，この"言葉の違いから生じる摩擦"が生じてしまった場合，それを軽減することが，保育者の大切な役目となります。それでは，どのようなことからはじめればよいのでしょうか。

　まず，どのようなやり取りの結果，ぶつかり合いが生じたのか理解しなければ，誤解が誤解を生むことになりかねません。特に言葉による説明が不十分と

なる外国の文化を背景にもつ子どもに対しては，保育者が丁寧(ていねい)にかかわり，もどかしさを感じている心を受け止める必要があります。

　さらに，クラスの大多数を占める他の子どもたちに対しても丁寧な働きかけが必要になるでしょう。「○○ちゃんは違う国からやってきて，みんなの使う言葉が上手に使えないの。だから，みんなでいろんなことをするときに"○○ちゃんはどうしてほしいのかなぁ"って考えてみたらどうかな？」と子どもたちに働きかけることは，仲間づくりの一歩となるでしょう。

　また，言葉に関しては，グローバル人材育成の観点から英語活動の取り入れが盛んとなってきています。小学校における英語の必修化の流れのみならず，幼児教育の場でも英語の遊びや活動を取り入れているところが増えてきています。「文化の一要素である言語」としての英語に幼児教育としてどのようにかかわっていくか，幼児期に英語に触れる意義をどのように捉えるか，保育者は常に考えながら，今後の流れとともに注目していく必要があるいえます。

2) 外国籍の保護者へのかかわり方

　子どもが幼稚園や保育所でどのように生活しているか知りたいと思うのは，どこの国の人でも同じです。外国籍の保護者であっても，子どもの成長はうれしく，またよりよい環境づくりに対して積極的にかかわりたいと思っています。しかし，すべての保護者が日本語を完璧に理解しているとは限りません。では、保育者はどのようにして外国籍の保護者と関係をつくっていけばよいのでしょうか。保育者として，「どの文化を背景にもつ人でも，子どもの成長を楽しみにしていて，そこに携わりたいと思っている」ということを，まず理解しておきましょう。そのように理解すれば，外国籍の保護者と保育者である自分との間に何が必要なのかが見えてくるでしょう。ことばの違いに対する歩み寄りを意識するのであれば，その保護者の母国語を勉強することも第一歩となるはずです。ことばに対しての壁があまりにも高いとなれば，保護者の母国語に対する通訳を派遣してもらえる機関を利用することも可能です。

　日常の保育における伝達事項やちょっとした会話に対しては，社会福祉法人日本保育協会の発行する『外国人保育の手引』が有効となるでしょう。この本

には英語・中国語・ポルトガル語・スペイン語の4言語があり，物の名前や体の部分の名前，その他病気についてそれぞれの言語で書かれていて，発音の仕方がカタカナで表記されています。先述したように，保育の場において想定された会話なども記載されていることから，これを使用することで，通訳を通すことなくコミュニケーションの一部を行うことができますし，早急な伝達事項

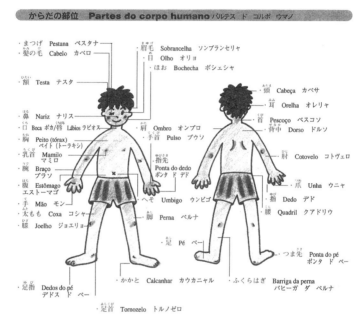

出典　日本保育協会編：外国人保育の手引　ポルトガル語版，p.24，1997

に対して対応することができます。

　もちろん，保護者にも日本の幼稚園や保育所のことを知ってもらい，理解してもらわなければなりません。そうしたことを一つ一つ確認していくことで，知らなかったことや誤解していたことなど，お互いの不安材料を解消していくことができるのです。

　しかし，外国籍の保護者にのみ理解を求めては，よりよい関係を築いていくことにはつながりません。やはり，お互いがお互いのことを理解しようとする試みがあってこそ，良好なかかわりにつながっていくのです。そのためにも，保護者のもつ文化背景の理解に努めることで，保護者自身も好意的に感じてもらうことができ，お互いの距離を縮めることができるのではないでしょうか。

3）外国籍の子どもへのかかわりの実際

（1）"違い"の存在

　異なる文化をもつ人たちとのかかわりには必ず"違い"が存在します。なぜ違いが生じてしまうのでしょうか。それは，自分がこれまでに経験してきたことや慣れ親しんだこととの「ズレ」を感じることによって生まれるのです。

　しかし，"違い"に対して距離を置き，触れようとせずにいるといつまでたっても交わることはできません。壁をつくってしまうのは，"違い"が存在することはわかっていても，それが何かわからないからではないでしょうか。"違い"への気づきは，理解への第一歩となるのです。気づくことで知ることができ，知ることで理解できるのです。子どもたちが違いを自然に受け入れている様子であれば，それを見守ることも大切です。もし，子どもが違いに興味を示したらどうするか，ここで保育者のあり方が問われるのです。

（2）違いへの理解を深める歩み寄り

　自らのことを知ろうとしてくれている，関心をもってくれているといったことを実感すると，人はその相手に対して好意的な感情をもち，こちら側も相手のことを知りたいという良好で発展的流れをつくり出すことができます。日本という言葉や文化の異なる国で生活をする人にとって，この流れは安心感をもたらすことでしょう。さらに，このような流れは，日本の子どもたちにとって

も文化の違いを楽しむ機会を得ることにもなるはずです。

　ここでは，外国籍の子どもの保育において，どのような文化の歩み寄りが行われているのでしょうか。たとえば，食文化をみてみましょう。朝食の定番メニューを国別に用意することで，朝食に対する国よっての考え方の違いを知ることができるでしょう。さらには，同じ食材を使ってそれぞれの国の定番料理を作ることで，味付けや調理方法の違いに触れることができます。

　牛肉・タマネギ・ジャガイモという食材であれば，多少の品種の違いはあるにせよ，世界中にある食材といえるでしょう。日本でもこの食材は定番で，カレーや肉ジャガの材料として思い浮かびます。しかし，文化が違えばそのでき上がった料理も当然違ってくるでしょう。また，調理をしているなかでその料理に対する話やエピソードを知ることができ，文化理解活動の役目を十分に発揮するのではないでしょうか。

　食事を行う際のマナー，食器や道具についても，その違いを知る機会となるでしょう。お箸の使い方を理解してもらうきっかけとなるでしょうし，食事におけるマナーの違いを伝え合うきっかけとなるでしょう。

　お互いの違いを知り，経験を重ねることで理解し合うことができる文化理解活動こそ，異なる文化を背景にもつ子どもたちや保護者とのかかわりを良好な発展的流れにすることができるものだといえます。

4) 違っていて普通，違っていて楽しい

　外国の子どもたちの保育とは，単に外国籍の子どもを日本籍の子どもと一緒に保育するということだけではないのです。そこには日本の文化とは異なる文化が混じり合います。そこで大切になってくるのは，自分のもっている価値観や慣れ親しんだ日本の文化との"違い"を把握することです。どのようなことに"違い"を感じているのだろうか，という疑問に対してしっかりと向き合うことで違いを把握することができます。そして，違いを把握することで，違いに対する理解がより深まっていきます。違いに対する理解の深まりはさらに知りたい・さらにかかわりたいという興味につながっていきます。

　人それぞれ違っていることはとても自然で，すばらしいことです。だからこそ，外国の子どもたちの保育では，共生（共に生きる）を大切にします。共に生きていくなかでお互いを認め合い，お互いを尊重し合うという気持ちが子どもたちの心のなかで生まれてくる，それが外国の子どもたちの保育には欠かせない，大切な内容となるのです。

　以上，日本と外国，それぞれの国を背景にした文化の違いを把握・理解して歩み寄ることを述べてきましたが，そのための働きかけについては状況やタイミングが重要になります。違いを意識するあまり，子どもたちの関係がぎこちなくなってしまう可能性も考えられます。異文化を受け入れ尊重し合う関係性を，いかに自然に浸透させていくか，そこに保育者の手腕が問われているのです。そうした力量を身につけるためにも，保育者養成校で，外国の文化をはじめ異なる価値観を受け入れ共生していくことを学ぶ科目を受講してみるのも一つの方法かもしれませんね。

やってみよう！ ▶ 記入シートはp.116

② 日本と他の国の文化を比べ，似ている点や違いについて調べてみましょう。
③ さまざまな言語の「おはよう」「こんにちは」「さようなら」「ありがとう」を調べて，発音に気をつけながら練習してみましょう。

Chapter 9

子育て支援ってなんだろう？

　みなさんは「子育て支援」という言葉を聞いたことがありますか？　おそらく，ほぼ全員のみなさんが「ある」と答えるのではないでしょうか。では，「子育て支援って何？」という問いかけに，みなさんはどのようなことを思いつくでしょうか？「親の子育てを手助けすること」とか「少子化対策の一つ」など，その答えはさまざまでしょう。本章では，子育て支援とはどのようなことをいうのか，誰を対象に，いつ頃からはじまったのかなどについて整理し，現在の子育て事情や具体的な取り組みなどを見ていきたいと思います。

1　子育て支援の考え方

　これまで，「子育て支援」はさまざまに理解されてきました。そこで，いくつかの定義をまとめ整理してみると，子育て支援とは「親が安心して子どもを産み，子育てする喜びを味わいながら，親として成長できるよう支援すること」であり，「子どもの健やかな育ちを援助すること」と捉えられます。そして，「家庭や地域の子育て力を向上させる社会的な取り組み」でもあるのです。

　子育て支援を考える際に忘れてはならないのは，「子どもが豊かに育つ」ことと「子育ての主体は親である」ということです。これは，子どもがよりよく育つためによい親であることを強要するものではなく，子育ては親だけが行うべきだというものでもありません。地域で生活する親子のニーズを尊重し，さまざまな人や機関がつながり，見守り，支えることで，親子が幸福感と充実感をもって生活できるようにすることです。「子育ての社会化」ともいわれています。つまり，子育て支援とは，子育ての肩代わりをするのではなく，親子や家庭を取り巻く環境に働きかけていくことを指すのです。このような子育て支援をとおして子が育ち，親が育ち，家庭や地域の養育力が向上していきます。

❷ 子育て支援のはじまり

　日本で「子育て支援」という言葉が意識して使われるようになったのは、昭和から平成に変わる頃です。1989（平成元）年、一人の女性が生涯に産む子どもの数の平均（合計特殊出生率）は、過去最低の1.57人でした。このことは、少子化を象徴する社会的な問題として取り上げられ、その後、少子化対策としての「子育て支援施策」が次々と打ち出されることになったのです。

1）国による子育て支援施策のはじまり

　まずは子どもを産みたいと思う社会づくり、子育てしやすい環境の整備が必要であることから、1989（平成元）年、子育てに関するノウハウを蓄積している保育所において「保育所地域活動事業」が、1993（平成5）年には「保育所地域子育てモデル事業」（後の「地域子育て支援センター事業」）が開始されました。このことにより、保育所を中心に地域の子育て家庭に対して、育児相談や地域における子育てサークルの活動への支援などが行われることになりました。1995（平成7）年には、国をあげた本格的な子育て支援施策である「エンゼルプラン」がはじまり、その後「新エンゼルプラン」、「子ども・子育て応援プラン」などと名称や内容を変え、歯止めのかからない少子化への対応が行われてきました。

2）子育中の親による自主的な活動のはじまり

　国の取り組みとは別に、1990年代後半より子育てをする親たちによる活動もみられはじめました。親たちが、子育ての難しさを実感し、その不安感から、子どもがよりよく育つための環境整備を行い、孤立する子育てから脱却するため親子の居場所づくりに取り組んだりしました。こうした草の根的な活動からはじまった取り組みは、子育て中の親子の共感を呼び全国に広がり、2002（平成14）年になると国の事業として取り上げられ、在宅で子育てする家庭を支援する「つどいの広場事業」として、新たにスタートすることになりました。

3) 子育て支援施策の展開

2005（平成17）年，児童福祉法に「子育て支援事業」が規定され，子育て支援が単に少子化対策としてではなく，「子どもの健全な育成と生活保障」を理念とする児童福祉の支援として位置づけられるようになりました。子育て支援は，その後，地域社会の変化や多様な子育て家庭のニーズに対応する形で，質・量ともに向上を続けているところです。

❸ 今どきの子育て事情

1) 子どもについて

みなさんは，就学前の子どもたちが，日中，主にどこで過ごしていると思いますか？　子どもを産んでも働き続ける女性が増加していることから，多くの子どもが保育所などで過ごしていると考える人もいるのではないでしょうか。実は，3歳未満の子どもの約8割が幼稚園・保育所以外の場所，つまり家庭などで過ごしているといわれています。そのため，親からの子育て支援ニーズは高いものとなっています。ニーズとして最も多いのは，子どもの遊び場です。これは単純に遊ぶための場所だけではなく，友だちがいる空間を意味しています。子どもが育つ大切な条件として，幼少期からの多様な人とのかかわりがあげられます。母親以外の多様な人とのかかわり，そして友だちとのかかわりが，子どもの発達において重要だといわれています。家庭における孤立した育児は，子どもの成長・発達にとっても大きなマイナス要因となっています。

2) 子育て中の親ついて

(1) 育児不安

日本では，他国ではみられない強い育児不安やストレスがあるといわれています。みなさんは，これまで，子育ては誰がするものと考えてきたでしょうか？　母親，もしくは両親でしょうか。実は，歴史的に見てみると，子育てはもとも

と親のみで行われていたのではなく，親族や近所の住人などと助け合いながら，多くの人の手によって行われてきた営みだといわれています。しかし，近年の都市化や核家族化，さらには「3歳までは母の手で」などの考えも根強くあり，親，特に母親に子育ての役割が集中してきました。その結果，育児不安などの問題が生じるようになりました。生まれてから1年未満の子どもは，心身ともに未熟で意思疎通も難しいため，育児における負担は大きく，育児不安やストレスが虐待などにつながることも少なくないのです。

（2）情報化と孤立

　親子の孤立も社会的な問題になっています。孤立する要因はさまざまですが，一つには情報化社会の影響があげられます。現在は昔と異なり，人を介さなくても手軽に必要な情報が手に入るようになりました。子どもの遊びやしつけもスマホ（スマートフォン）が利用されたりするようです。このような情報化社会は，暮らしを便利にしている反面，親子の孤立につながったり，誤った情報の拡散を招き，育児不安を増幅させたりする一因にもなっています。

（3）父親の育児

　次に，子育て中の父親に目を向けてみましょう。父親の育児参加は，子どもの豊かな育ちや母親の育児不安の軽減につながることから，父親には育児に対する積極的なかかわりが期待されます。しかし，日本の父親の育児・家事時間は他の先進国に比較すると非常に短く，国においても仕事と生活の調和（ワーク・ライフ・バランス）を図ることの重要性が示され，子育て世代の働き方の見直しが進められてきました。そのようななか，積極的に育児を行う男性に対し「イクメン」という言葉も生まれ，育児する父親への関心が高まり，父親の育児支援も活発に行われるようになってきました。しかし，いまだ子育て家庭の父親の労働実態や子育てにかかわる時間等は大きく変化していない現状があります。

4 保育施設などにおける子育て支援

　孤立する子育てを防ぐ支援策の柱は交流の促進(そくしん)といわれています。現在，保育施設をはじめ，ＮＰＯ，子育て当事者などが主体となり，次々に交流の場を設置しているところです。幼稚園，保育所，認定こども園では，入所している子どもの保護者への支援はもちろんのこと，保育などに支障がない限りにおいて，それぞれの専門性を活かし，子育て家庭に対して積極的な支援を行っています。また，従来の地域子育て支援センターやつどいの広場などを統合した「地域子育て支援拠点」が，地域の子育て支援の中核として支援活動を行っています。具体的な活動としては，①親子の交流の場を提供し交流の促進を図ること，②子育てに関する相談や援助を行うこと，③地域の子育てに関連する情報を提供すること，④子育てや子育て支援に関する講座の開催などがあります。このように，現在は，より効果的で質の高い子育て支援を目指し，各地でさまざまな人によるさまざまな形の子育て支援が生まれているところです。

5 子育て支援の実際──さまざまな取り組み──

1）シニア世代を子育てへ

　子育て経験や人生経験が豊富なシニア世代を子育てに巻き込む取り組みが全国各地で広がりをみせています。地域の子育て機関などが，地域の老人クラブなどと連携を図り，三世代交流活動を行ったり「孫育て講座」を実施したりすることで，シニア世代の積極的な子育て参加を促進しています。

2）妊娠期からの子育て支援

　産科や保健センターなどが連携して，妊娠中の親に対する働きかけを行っています。女性は妊娠から出産において体調や生活リズムが大きく変化し，出産や子育てへの不安など，これまでと異なるさまざまな経験をします。こうした

不安や過労から気分が落ち込んだりイライラしたりと「産後うつ」に至るケースや，夫婦関係が悪化する「産後クライシス」という現象もみられます。妊婦への働きかけは，安心して出産するだけではなく，子育てに見通しをもち安心して生活できるようサポートする意味で重要な取り組みになっています。

3) 職場における子育て支援

企業が「次世代育成支援対策推進法」に基づいて，子育て支援などに関する目標を掲げて一定の基準を満たすと，「子育てサポート企業」として厚生労働省より「くるみん認証」を受ける制度があります。2015（平成27）年の調査では，妊娠や出産を巡り不利益な扱い（マタニティーハラスメント）を受けた女性は過去最多でした。このような事態を防ぐためにも，安心して妊娠・出産できるよう企業が働きやすい職場づくりに取り組むことは重要です。

4) 大学による子育て支援

大学では，知的資源や人的資源などを活用しながら地域と連携して子育て支援を行っています。親準備期となる学生を巻き込み，子どもや子育てに関する理解を促すことはとても意義があります。また，大学がかかわることにより，支援の質の向上を図り，子育て支援者の専門性を高めることにもつながっていきます。

以上，子育て支援の一部を紹介しました。今後は，妊娠，子ども，子育てに温かい社会づくりのため，地域ぐるみで親子を支えていく取り組みや体制づくりがさらに求められていくと思われます。

● やってみよう！ ●　　　　　　　　　　▶ 記入シートはp.116

① 自分の住む地域にある子育て支援機関について調べてみましょう。
② 親子の交流を促す工夫について考えてみましょう。

Chapter 10

知っていますか？　最近の動向

❶ 子どもの生活リズム

1）子どもの生活と育ち

　生活リズムとは，一般的に起床，食事，排泄，運動，就寝などの，日常生活における活動のサイクルのことを指しています。発達期の子どもの育ちに関しては，寝ること・食べること・体を動かすことが生活リズムの基本です。

　ヒトは，暗くなったら眠り，明るくなったら起きて活動する生体リズムをつくって生活してきました。その後，朝起きて日光を浴びた時刻から14～16時間後にメラトニンというホルモンが分泌され，分泌開始後1～2時間で眠気が表れるため，朝起きた時刻により夜眠くなる時刻が決まることもわかってきました。また，寝ることには，疲れた体を休めるだけではなく脳を育てる役割やよりよい活動ができるように脳や体を修復させる生理機能もあります。

　食べることは，身体に栄養分を補給し活動のエネルギー源となりますが，単なる健康を維持するためのものではありません。家族と一緒に食事をする「共食」には，コミュニケーションを図ったり，世代間の情報伝達を行ったり，互いの価値観を認識するなどの効果があります。そんななか，子どもが一人で食事をする「孤食」も現代的な現象として話題になっています。

　身体を動かすことは，運動感覚や五感を育て体力や感性を豊かにします。また，身体活動を通じた他者とのかかわりにより信頼関係やコミュニケーションの構築，ルールの理解などの社会性が高められます。さらに，日中の活動は食欲を増進させ，適度な疲れが質のよい睡眠へとつながります。こうした生活の循環が崩れると，子どもたちの育ちにさまざまな影響がでてきます。

2) 育ちへ影響する健康問題

(1) 子どもの睡眠習慣

　社会全体の夜型化に伴い，テレビ，ゲームなどによって夜間に光を浴びる活動は，子どもの生活を夜型化させ，就寝時刻や起床時刻をさらに遅らせるといった悪循環をもたらします。このような子どもの睡眠習慣・睡眠不足は，小児慢性疲労症候群，教室で座っていられない多動，集中力の低下，情緒の不安定さなどにつながるという指摘もあります。

(2) 子どもの摂食障害

　近年，拒食や過食など，子どもの摂食障害が増加しています。しかし，学童期以降と乳幼児期の障害は大きく異なります。子どもの食行動は乳児期の哺乳にはじまり，欲求が満たされることを通じて親との信頼関係を築きながら発達します。そのため，食行動は栄養面ばかりでなく，情緒形成にも重要です。摂食障害の予防には，①食べることの楽しさを感じさせる，②空腹を感じる時間を考えた栄養摂取を心がける，などの対応が求められます。

(3) 子どもの心のケア—災害後のPTSD—

　事故や災害の体験による精神への強いストレスを「トラウマ」と呼び，心身に変調をきたす状態をPTSD（心的外傷後ストレス障害）と言います。具体的な症状としては，体験した出来事を鮮明に思い出したり夢に見たりする（フラッシュバック），イライラする，怒りっぽくなる，眠れないなどです。

　大人と比べて子どもは精神が未発達であるため，ショッキングな現実から心を守ることが難しく，受ける影響も深刻なものになりがちです。まずは症状が出た場面ごとに合わせて，子どもを落ち着かせる対応が求められます。そして，日常的な活動や遊びのなかで，その子どもの健康な部分を発達させる援助をすることで，心の傷を自ら癒していく力を増進させることが大切です。

やってみよう！　　　　　　　　　　　　　　　　▶ 記入シートはp.117

① 子どもの生活リズムや生活習慣が乱れる要因は何であるか，また，その乱れが子どもの発達にどのような影響を及ぼすか考えてみましょう。

2 子どもの虐待

1) 子どもへの虐待の増加

　子どもに対する虐待の問題は，マスコミに取り上げられない日がないほど深刻な状況です。生後まもなく，子どもたちの命が一番身近な人に一方的に奪われたり，脅かされたりしています。2000（平成12）年に「児童虐待の防止等に関する法律」が施行されてからも，年間に100人前後の子どもたちが命を落とし続けている状況にあります。2014（平成26）年の児童虐待相談件数は88,931件（図10-1）となっています。死に至らなくても，虐待は子どものすこやかな発育や発達をそこない，子どもの心身に大変深刻な影響を与えています。

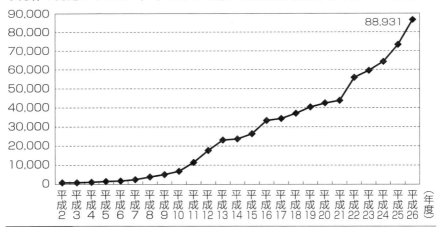

図10-1 児童相談所における児童虐待相談対応件数（厚生労働省資料より）

2) 虐待の定義

　虐待とは，保護者によって子どもに加えられた行為で，虐待の種類は，①身体的虐待，②性的虐待，③ネグレクト，④心理的虐待の4つに大別できます。これらは単独でなく重複してみられることもあります。

> ① 身体的虐待：殴る・けるなどの暴力，タバコの火などを押しつける，逆さづりにする，冬戸外に長時間しめ出すなど
> ② 性的虐待：性的行為の強要，性器や性交を見せる，ポルノグラフィーの被写体などを子どもに強要するなど
> ③ ネグレクト（養育の放棄・怠慢）：適切な衣食住の世話をせず放置する，病気なのに医師に見せない，乳幼児を家に残したまま度々外出する，乳幼児を車のなかに放置する，家に閉じ込める，学校に登校させない，保護者以外の同居人による虐待を保護者が放置するなど
> ④ 心理的虐待：無視拒否的な態度，ば声を浴びせる，言葉による脅かし・脅迫，きょうだい間での極端な差別扱い，ドメスティック・バイオレンス（配偶者に対する暴力）を子どもの目の前で見せ苦痛を与えるなど

なお，上記で定義された以外でも，「マルトリートメント」（不適切な養育やかかわり）は，現在は虐待という状態ではないとしても，今後そういう状態に発展する危険性のあるという意味でグレーゾーンに位置づけられます。

子どもに対する不適切な養育やかかわりについて，より広い認識をもって早期に対応することで，問題の重度化や深刻化を防止することにつながります。

3) 子どもたちへの虐待の影響

虐待は，子どもたちに次のような深刻な影響を与えます。

> ・身体的虐待による頭蓋内出血，やけどなどの身体的障害
> ・ネグレクトによる栄養や感覚刺激の不足，発育や認知能力の遅れ
> ・虐待された体験によるフラッシュバック，夜驚，情緒不安定などの精神症状
> ・愛着関係の欠如による試し行動（例：わざと相手を怒らせる），際限のない愛情の要求など，他者と関係を築くことへの恐れや不安・不信
> ・連続性のない刹那的な自己感覚，相手への恐怖心から相手の顔色次第で自分の感情意思をころころ変える，自分の本心がわからないなど，人格発達上の問題
> ・自尊感情の欠如（例：自分は愛される価値がない）による強い自己否定，自虐的な言動，自傷行為，リストカット，アルコールや薬物の濫用，摂食障害，浪費，性行為への過度の依存など
> ・養育態度の世代間伝達（例：親になった時，子どもに対しても虐待を繰り返す）

4) 虐待の生じる家族

　虐待は，さまざまな要因が複雑にからみあい，家族全体のストレスが弱い立場にある子どもに向けられたときに発生するといわれています。保護者の要因としては，親の人格特性，経済・就労状況，夫婦関係，住宅事情，健康上の課題，愛着（アタッチメント）形成の問題，望まぬ妊娠，保護者自身の生育歴，養育体験の世代間伝達，育児知識や技術の不足，親が若年であること，母子分離期間などがあります。子どもの要因としては，未熟児，障害児，慢性疾患，多児，子ども自身の育てにくさなどがあります。地域の要因としては，育児不安・負担感の強い社会状況，不安定な生活基盤・経済的困難・貧困・近隣・友だち・地域からの孤立などがあります。

　虐待の慢性化の背景としては，家族が孤立しており，虐待の問題を自力では解決できず，周囲の働きかけにも応じられない状況があげられます。虐待がエスカレートした場合，転居し証拠の隠滅をはかろうとするケースもあります。孤立した家族に虐待の問題が発生した場合には，その家族の問題解決のみに頼るのではなく，各関係機関が連携してサポートを行う必要があります。

5) 子どもを虐待から守るために

　子どもの虐待の通告は全ての国民に課せられた義務です。「虐待を受けたと思われる子ども」を見つけたときはためらわずに子どもを虐待から救うための行動を起こしましょう。通告は，匿名で行うことも可能であり，連絡者や連絡内容に関する秘密は守られます。私たち一人ひとりからの連絡が，子どもを虐待から守ることになります。毎日たくさんの子どもと接している保育者は，虐待を発見しやすい立場でもあるため，子どもの様子を注意深く観察することが求められます。

6) 児童虐待対応への基本的姿勢と具体的な支援

　子どもの虐待は，家族から発せられる「SOS」信号といえますが，まわりからはキャッチされにくい状況です。子どもを守り，親子が互いに安心して生活できるように，保育所などを含めた各関係機関がチームを組み，子ども家庭支援ネットワーク（要保護児童対策地域協議会）で役割分担し，家庭への支援・対応を行っています。その活動は次の4点に大別できます。

① 子どもの安全確保を最優先し，何か危機的な時は迅速な対応をします。

② 虐待対応の最終目標は，適切な親子関係を基本とする家族の再統合であるため，虐待する保護者の支援も行います。保護者を叱責するのでなく保護者のおかれた社会的困難な状況や，虐待をするに至った背景を十分に理解し，保護者のつらさをくみとり，信頼関係を築いていきます。

③ 家族との信頼関係をはかり，公的・民間を問わず，身の回りの機関の利用を受け入れる姿勢の育成をはかります。子ども家庭支援ネットワーク（要保護児童対策地域協議会）では各関係機関が役割分担し，家族への支援を継続して行っていきます。

④ 子どもたちは，自分から家庭を離れて生活したいと思いません。しかし，虐待やさまざまな事情により，やむをえないと判断した場合は，子どもを児童相談所にて一時保護し，これからの援助の方針が決定されます。

　なお，虐待への対応も大切ですが，未然に防ぐことも大切です。子どものいる家庭の事情や悩みに触れることもある保育者は，虐待につながる家庭問題を緩和するために重要な役割を果たすことを忘れないようにしましょう。

● やってみよう！ ●　　　　　　　　　　　　▶ 記入シートはp.117

② 虐待の原因（背景）にはどのようなものがあるでしょうか。また，虐待を防ぐためには家庭にどのような支援・環境が必要なのか，考えてみましょう。

3 一時保育ってなんだろう？

1) 一時保育とは

「上の子の小学校参観で,『きょうだいの同伴(どうはん)はダメ』と言われた。1歳の下の子をどうしよう。近くに親戚(しんせき)もいないし……」

このような場合,あなたは上の子どもの参観を取りやめますか？ 小学校にきょうだい同伴の参観を認めてもらえるように交渉(こうしょう)しますか？ 現代では,「一時保育を利用する」という選択肢があります。

一時保育とは,「一時預かり事業」「預かり保育」とも言われ,幼稚園・保育所・幼保連携型認定こども園等の保育施設が,自園に入所していない地域の保護者のさまざまな事情で一時的に子どもを預かる保育のことをさします。つまり,一時保育は子育て家庭を応援する一つの支援として位置づけられているのです。

2) 一時保育の実際

一時保育は「地域の実情に合わせて」行われるため,全ての保育所で行われているわけではありません。また実施している保育施設によって,形態や内容にはさまざまなものがあります。大まかには次の3つに分けられます。

表10-1　一時保育の種類

非定型保育	保護者のパート就労や職業訓練校等への通学などにより,家庭での子育てが断続的になる方が対象。
緊急保育	保護者の出産や家族の疾病,入院,冠婚葬祭などで,家庭での子育てが一時的に難しくなる方が対象。
リフレッシュ保育	子育てに伴う心理的,身体的負担の解消など,私的理由で一時的な保育を希望する方が対象。

※この表は一例です。実施園により,種類や条件は異なります。

一時保育は、保育施設に在籍している子どもと区分するために、実施施設によりさまざまな取り決めがなされています。一般的には、次のとおりです。

表10-2　一時保育の基準

〈対象年齢〉	〈利用日数〉	〈利用料金〉
乳児～未就学児	月に2～14日	1日2000円程度

　また、一時保育を利用するにあたっては、事前登録を行う必要がある施設がほとんどです。これは、緊急連絡先や子どもの様子、アレルギーなどの情報を事前に把握し、保育施設が責任をもって子どもを預かるために必要な手続きです。

【一時保育の内容（例）】

① 　保育内容：一時的な利用であっても、子どもの生活や発達は保障されなければなりません。したがって、保育施設在籍児と同様のデイリープログラムにそって保育が行われています。遊びにおいて
も、それぞれの年齢の子どもの発達に合わせた保育環境を構成し、子ども自らが選択して遊ぶことを大切にしています。

② 　保護者支援：一時保育をすることで見えてきた子どものよさや発達上の課題は、子どもの送り迎えの際、保護者に配慮しながらわかりやすく伝えるようにします。なかには"わが子へのかかわりに自信がもてない""離乳食の作り方がわからない"というような悩みを抱えている保護者もいます。そういった悩みに的確に答えるなど、一時保育は保護者の子育てを支援するアドバイザーとしての機能も担っているのです。

●**やってみよう！**　　　　　　　　　　　　▶記入シートはp.117

③ 　自分が住んでいる地域の保育施設で、どのような一時保育が行われているかを調べてみましょう。

4 病棟保育ってなんだろう？

1) 病棟保育とは

みなさんは「病棟保育」と聞いて、どんなことを思い描くでしょうか。

病棟とは、入院して生活する病室がある建物です。つまり、病棟保育は病院で「入院している子ども」に対する保育です。また、病棟保育は子どもの入院に付き添う保護者も支援の対象としています。まとめていえば、病棟保育とは「専門的な保育支援を通して、入院している子どもとその保護者のQOL（Quality of Life：生活の質）を高めること」ということになります。

子どもは遊びを通して成長・発達していく存在です。したがって、入院の第一の目的である治療の範囲内で、できる限り遊びを保障していかなければなりません。そのために病棟保育が必要なのです。

（1）病棟保育の特徴

それでは、病棟保育の特徴を、保育所の保育と比較して考えてみましょう。

表10-3のように、病棟保育の特色のなかに「学習支援」が含まれており、病棟保育は学童期や思春期の子どもも対象にしています。また、入院が長期になればなるほど、退院を家で待つきょうだいへの心の影響も小さくはありません。そのサポートをしていくことも病棟保育の特徴といえるでしょう。

表10-3　保育所保育と病棟保育

	保育所保育	病棟保育
対象年齢	0歳～おおむね6歳までの小学校就学前の子ども	0歳～おおむね15歳までの子ども
子どもの特性	保育に欠ける子ども	検査・治療・手術などの目的で入院する子ども
保育の共通点	①環境構成（施設内の物的・人的環境を整える） ②生活支援（年齢や必要度に応じ、食事や着脱衣等を支える） ③遊びを通した発達支援 ④保護者支援（育児や付き添いの悩み・ストレスを軽減する）	
その他の特色	子育て支援（地域の未就園児やその保護者の子育てを支援する）	学習支援（必要に応じて、小学校以上の学習を支援する） きょうだい支援（家で待つ、入院児のきょうだいを病院に迎え入れ、遊びや活動をとおして支援する）

2) 病棟保育の内容

（1）タイムスケジュール

病棟保育の一日は，他の職種からの申し送りやカルテからの情報収集からはじまります。その後，それぞれの個別支援計画を立て，午前中は主にプレイルームで，午後は主にベッドサイドでの遊びの支援を行っていきます。

（2）個別支援計画の必要性

入院する子どもの年齢幅は0歳～おおむね15歳と広く，また入院目的，入院期間，疾患，重症度，家族関係など，一人ひとりの背景は多様です。保育士は入院している子ども一人ひとりの情報収集（図10-2）を行い，ニーズを把握した上で，個別支援計画を立てる必要があります。

（3）保育を行う上での留意点

個別支援計画に基づき，入院している子どもとねらいをもってかかわる上で重要になってくることが，医師や看護師など，他の職種との情報共有や連携です。疾患の特徴上，してはいけないことを全ての職種で共有すること，保育中の子どもの様子を他の職種に伝え，かかわりの一助としてもらうことなど，常に連携が求められるのです。

表10-4　病棟保育の一日（例）

8:30	・情報収集，個別支援計画の作成 ・プレイルームの環境整備 　（玩具の消毒，活動準備）
9:45	・プレイルームでの遊びの展開 　（個別／集団保育）
11:30	・プレイルームの片づけ，環境整備
12:30～13:30	・休憩
13:30	・ベッドサイドでの個別支援
16:30	・他の職種への申し送り
17:00	・保育日誌の作成

図10-2　情報収集シート

> **やってみよう！**　　　　　　　　　　　　　記入シートはp.117
>
> ④　病院に勤めているさまざまな職種（医師，看護師など）の仕事内容を調べた上で，病棟保育士の仕事内容との共通点や相違点を見つけてみましょう。

❺ 病児保育ってなんだろう？

1) 病児保育とは

　核家族化や共働き家庭の増加により，年々，社会のなかで保育の必要性が増しています。子育てを行う親が，仕事で社会に貢献しつつ，よりよく子育てを行うことができるシステム作りが求められているのです。そうした社会の流れのなかで，病児保育が生まれました。

　病児保育とは，病気の子どもを就労する養育者に代わって預かり，子どもの健康と幸福を保障するために専門職（保育士・看護師・栄養士・医師等）があらゆるケア（保育と看護）を行うことと定義されています。したがって，先の「病棟保育」と同様に，病児保育は保育士単独ではなく，保育士を含むさまざまな専門職がチームになって子どもにかかわっていく仕事といえるでしょう。

2) 病児保育の実施形態

　2015（平成27）年度に施行された「子ども・子育て支援新制度」では，病児保育は「病児対応型・病後児対応型」「体調不良児対応型」「非施設型（訪問型）」に分類されます。表10-5に比較して，その特徴を示します。

表10-5　病児保育の分類

	病児対応型・病後児対応型	体調不良児対応型	非施設型（訪問型）
症状	急激な症状変化はないが，病気の回復期ではない状態	微熱を出すなどの体調不良の状態	入院まで至らない状態
対象児童	症状のため集団保育が困難で，保護者の勤務等の都合により家庭保育が困難な乳幼児および小学生	保育中に体調不良となり，保護者が迎えに来るまでの間に緊急的な対応を必要とする乳幼児	地域の病児および病後児
配置要件	・看護師等：利用児童おおむね10人につき1名以上配置 ・保育士：利用児童おおむね3人につき1名以上配置	・看護師等を常時1名以上配置 ・看護師等1名につき，体調不良児2名程度	一定の研修を修了した看護師等，保育士，家庭的保育者いずれか1名につき，病児・病後児2名程度

3）病児保育の内容

　病児といえども，子どもであることに変わりはありません。養育者に代わって子どもを預かるため，保育所保育と同様に，子どもの生活習慣に合わせたかかわりや遊びの保障を行う必要があります。一方で，子ども同士が病気をうつ

隔離室のある病児保育室

し合うことがないように，施設内には隔離室が設置されているところも多く，保育形態は個別保育が中心となります。その他の病児保育の特徴として，「安静状態の保障」「不安の受容」があげられます。

（1）安静状態の保障

　安静状態とは，病気のために静かに寝ていることだけを指すのではなく，心穏やかに静かに過ごすことも意味します。

　子どもは高熱があっても，遊びに夢中になり動き回ったり，熱中し過ぎたりすることがあります。保育者は十分に子どもの様子を観察し，

安静な時間帯の確保

適宜安静にする時間帯をつくり出す必要があります。また，子ども自身が安静にすることの大切さを理解できるような説明も重要です。

（2）不安の受容

　初めて病児保育室を利用する子どもの気持ちになってみましょう。大好きな親と離れ，初めての場所・相手と「初めてづくし」の状態で預けられる不安は非常に大きなものであるといえるでしょう。

　このように，大きな不安を感じる子どもにどのようにかかわればいいのでしょうか。特に，不安感が最も高い入室時には，保護者から子どもの情報を的確に受け取る際に，笑顔で親しみやすい雰囲気をつくることが大切です。また，スキンシップを多くとり，気分を変える環境や遊び，玩具を子どもの様子をとらえながら提供していけるとよいでしょう。

6 待機児童ってなんだろう？

1)「待機児童」ってどんな子ども？

　全国の各市町村の窓口へ保育所の入所申請をして，入所要件に該当しているにもかかわらず，定員が埋まっているために保育所へ入所できない子どものことを「待機児童」と呼んでいます。子どもを保育所に入れられずに働けない，育児休業を取ったものの，その後入所する保育所がないために育児休業を延ばしたり，やむを得ず退職してしまったりすることに追い込まれる母親が少なくありません。就活，婚活とならんで「保活」という言葉まで登場しました。

2) 待機児童はどのくらい存在するのでしょう？

　各都道府県の待機児童は，表10-6のとおりです。全待機児童数は，首都圏（埼玉・千葉・東京・神奈川），近畿圏（京都・大阪・兵庫）の7都道府県で約6割，これらにその他の政令都市・中核都市を加えたエリアで7割以上を占めています。基本的に待機児童は，都市部に集中していることがわかります。
　また，待機児童の年齢に着目してみると，0～2歳児に集中していることも

表10-6　各都道府県の待機児童数（平成27年4月1日現在，単位：人）

都道府県	人数	都道府県	人数	都道府県	人数	都道府県	人数
北海道	182	東京都	7,814	滋賀県	346	香川県	129
青森県	0	神奈川県	625	京都府	6	愛媛県	119
岩手県	128	新潟県	0	大阪府	1,365	高知県	47
宮城県	926	富山県	0	兵庫県	942	福岡県	759
秋田県	37	石川県	0	奈良県	253	佐賀県	11
山形県	0	福井県	0	和歌山県	18	長崎県	42
福島県	401	山梨県	0	鳥取県	0	熊本県	659
茨城県	373	長野県	0	島根県	46	大分県	536
栃木県	250	岐阜県	7	岡山県	393	宮崎県	0
群馬県	0	静岡県	780	広島県	66	鹿児島県	182
埼玉県	1,097	愛知県	165	山口県	71	沖縄県	2,591
千葉県	1,646	三重県	98	徳島県	57	合計	23,167

（資料：厚生労働省　保育所等関連状況取りまとめ，2015）

表10-7　年齢区分別の利用児童数・待機児童数（平成27年4月1日現在）

	利用児童数	待機児童数
低年齢児（0〜2歳児）	920,840人（38.8%）	19,902人（85.9%）
うち0歳児	127,502人（5.4%）	3,266人（14.1%）
うち1・2歳児	793,278人（33.4%）	16,636人（71.8%）
3歳以上児	1,452,774人（61.2%）	3,265人（14.1%）
全年齢児計	2,373,614人（100.0%）	23,167人（100.0%）

（資料：厚生労働省　保育所等関連状況取りまとめ，2015）

わかります（表10-7）。待機児童数は地域差があり，都市部の特に0〜2歳児で深刻化しているということです。この実態を受けて，国はさまざまな政策を打ち出して，待機児童の解消に力を入れています。

3）待機児童を解消するための取り組み

2013（平成25）年，国は40万人分の保育の受け皿を確保することを目標に待機児童解消加速化プランを策定し，保育所の設置基準の見直しをするなどして，保育所数や園児の受け入れ枠の拡大，0〜2歳児の受け入れができる小規模の家庭保育ルームの開設など，さまざまな対応策を打ち出しました。

2015（平成27）年には子ども・子育て支援新制度がスタートし，2017（平成29）年までに新たに必要となる約7万人の保育士を確保する「保育士確保プラン」が策定されました。保育士の確保は難しく，短時間勤務や短期間契約の保育士で現状をつないでいる保育所も少なくありません。さらに保育士を確保していくためには，新たな保育士の養成に加え，保育士資格を有していても保育士として働いていない「潜在保育士」の活用も不可欠になってきます。

国は今，保育士の処遇を改善して保育人材の確保に取り組んでいますが，一方で保育の質の問題についても議論が盛んになっています。保育者の数・質の双方を向上するために，みなさんにかけられている期待は大きいのです。

やってみよう！　　　　　　　　　　　▶ 記入シートはp.117

⑤　少子化が進む日本で，保育所定員が増加しているのになぜ待機児童問題が起こるのか，また，どうすれば解消できるのか考えてみましょう。

7 これからの保育

1) 「認定こども園制度」が進まなかったのはなぜ？

2006（平成18）年に「幼保一元化」や「幼保一体化」を考えた新たな保育制度である「認定こども園制度」が始まりました。この制度は，幼稚園と保育所の垣根を低くして，就学前のすべての子どもに幼児教育・保育を一体的に提供することや，都市部の待機児童の解消，人口の少ない地域で小規模化した子どもの集団を適性規模にすることを目標にしましたが，Chapter10-6で示したように都市部の待機児童は解消されませんでした。

また，文部科学省と厚生労働省の二つが管轄することにより申請書類や事務手続きが複雑であることや，補助金などの財政支援が不十分であること，幼稚園と保育所の運営の仕方や文化の違いにより保育者に戸惑いが生じることなどから，政府が考える認定数の目標に達成しませんでした。

認定こども園制度は今も継続されており，同じクラスに保育時間の異なる子どもがいるなど，子どもの園生活にとって，課題となっています。

2) 幼保連携型認定こども園のスタート

2006年から始まった認定こども園制度では，4つの施設類型（幼稚園型・保育所型・幼保連携型・地方裁量型）が設けられました。これらは幼稚園と保育所それぞれの機能と法的根拠を併せもっていますが，そのなかの幼保連携型が「幼保連携型認定こども園」という単一の施設として整備されました。法的には「就学前の子どもに関する教育，保育等の総合的な提供の推進に関する法律」に基づき，児童福祉法においても保育所とは別に記載されています。

また，実践する保育の内容や方法・技術を確かめるものとして，幼稚園において「幼稚園教育要領」，保育所において「保育所保育指針」が策定されていますが，幼保連携型認定こども園においても策定の必要性が検討され，策定検討会議では，「①幼稚園教育要領と保育所保育指針との整合性」「②小学校教育

との円滑な連携」「③幼保連携型認定こども園として特に配慮すべき事項」の3つが論点となりました。その検討の結果，「幼保連携型認定こども園教育・保育要領」として，2014（平成26）年4月に告示され今に至っています。

3）幼児教育から小学校教育へ

　幼児教育の内容や実践を考える際の基になる要領や指針は，小学校教育へとつながるように考えられてきています。そして小学校低学年においては，幼児教育との連続性を強調し，幼児教育で育った力を伸ばしていくという視点を重視するように考えられてきています。小学校に就学した子どもが感じるさまざまなギャップに対応していくため，幼児教育・保育の側と小学校教育の側の双方向による接続が求められているのです。

4）「幼児教育センター」「幼児教育アドバイザー」の取り組み

　国は，幼児教育への専門的支援システムの構築を考えており，「幼児教育センター」や「幼児教育アドバイザー」の制度が始まろうとしています。これは，都道府県等にセンターを設置して園や保育者に対する研修や情報提供などを行い，各市町村でアドバイザーを任命して講師などとして派遣するというものです。現在，その試行的取り組みが行われ，拡大が望まれています。

5）保育の「現在（いま）」から「未来」へ——子どもの未来に向けて——

　「子どもは社会の希望であり，未来をつくる力である」といわれています。子どもの豊かな経験やそこでの育ちを保障するために，私たち大人は，目の前の子どもに寄り添い，日々試行錯誤を続けています。この営みは，今も昔も変わらず続けられています。みなさんも，そのなかで育てられてきました。

　次はみなさんが子どもの未来に目を向けながらも，「今ここ」の子どもに寄り添い，子どもにとって何が必要なのか日々考え，経験や実践による知恵や知識を蓄積しながら，子どもの育ちをより豊かにするために努力していくことが必要なのではないでしょうか。保育者が広い視野をもって保育することは，子どもの未来につながっていくのです。

エピローグ

よき保育者になるために

みなさん，この『保育者への扉』も最終章です。パラパラとめくって，興味のあるところをかいつまんで読んだ人。いつの間にかおもしろくなって一気に読んだ人。机に向かって線を引きながらテキストとして読んだ人。読み方一つをとってもさまざま，感じ方はもっといろいろでしょう。しかし，それでよいのです。みなさんが保育や保育者に興味をもってここまで読み進めてきたことは，保育者への扉を開けたことにほかなりません。ここでは，みなさんが保育者になるための道を，これからどう踏み出したらよいのかをお話しします。

1 よき保育者になるためには

保育者になるためには，大きく分けて三つの段階があります。一つ目は，保育者になるための学校選びの段階です。二つ目は，免許・資格の取得を中心にしながら，就職への準備を含めた保育者養成校における学習の段階です。三つ目は，幼稚園や保育所，認定こども園などに就職した後，日々の保育現場から理想とする保育者を追究していく学びの段階です。

単に「保育士資格を取得した」とか，「就職試験に合格した」だけでは，一つの段階をクリアしたに過ぎません。「よき保育者になる」には，自分が「こんな保育者になりたい」という思いをもち，今できることに一生懸命打ち込みながら，次の段階を目指して歩み続けることです。

1) どこで保育を学ぼうか

卒業資格とともに幼稚園教諭免許状や保育士資格を取得できる学校を「保育者養成校」と呼んでいます。また，大学のなかには，教育学部・家政学部・人間学部・社会福祉学部などに幼児教育学科・保育学科・児童学科・子ども学科

などがおかれています。短期大学や専門学校にも同様の学科があります。

　同じ免許・資格を取得できる学部学科でも名称が異なるのは，学校にはそれぞれ教育方針があり，目指す保育者像や基礎となる学問領域の違いがあるためです。また，幼稚園教諭免許状のみ，小学校教諭免許状との同時取得，保育士資格との同時取得が可能な場合があります。つまり，将来どんな保育者になりたいのか，どんな分野に強い保育者になりたいのか，によって基礎資格となる学校や取得できる資格・免許の組み合わせを考える必要があるのです。

2) 免許・資格を取得して，保育者になる

(1) 人間的な成長を図る

　養成校時代に学ぶことはたくさんありますが，最も大切なことは人間的な成長を図ることです。みなさんは，将来「先生」と呼ばれる職業に就くわけですから，人間的な成長なしに保育の知識や技術を学ぶことはできません。

　保育者養成校では，1コマ90分の授業がほぼ毎日5コマある人もいます。髪型や髪の色，服装などを注意されることがあるかもしれません。それは，みなさんが保育現場を訪問したり，子どもたちの前に立ったり，実際に子どもとかかわりながら学ぶ学生だからなのです。みなさんの日々の生活が，そのまま子どもたちの成長に影響を及ぼすのです。保育者になるために学んでいる学生であることに誇りをもって，人としての内面を高めていきましょう。

(2) 保育の知識・技術・判断の基礎を身につける

　養成校での学習は，保育の知識や技術，判断力の基礎を身につけます。講義や演習，実技，実習など形態はさまざまですが，どれも大切な授業です。

　複数の授業で内容が重複することもありますが，「なんだ，前に習ったよ」と思うのではなく，複数の授業を聞くことによって，さまざまな考え方や異なる理論，データ・資料の違った解釈の仕方があることを学んでほしいのです。「ああでもない」「こうでもない」と考えることが，自らの教育観や子ども観をはっきりさせ，みなさんが現場に出て初めて目の当たりにするさまざまな事象を瞬時に判断する力となって，実践をより確かなものにしてくれるのです。

(3) 自ら学ぶ姿勢を身につける

　卒業後も主体的に学び続け，保育者としての資質や能力を高めていく学びの姿勢を身につけていきましょう。

　まず，「自分が保育者だったら……」という視点をもって，授業やまわりの環境を見てみましょう。実践例を読んでいる時，「そうなんだ」で終わるのではなく，「自分が保育者だったら，どうしただろう？」と踏み込んで考えるのです。受動的な態度から主体的な態度で，保育を考える力が養われていきます。

　次に「やるか，どうしようか」と迷ったら，やる方を選んでみましょう。
「誰もいない教室に電気がついている。消そうか，どうしようか……」
消しましょう。
「午後の授業，ボーッとしている。換気しようか，どうしようか……」
窓を開けましょう。

　やって失敗したら，次から気をつければよいのです。自分で考え，実行してみる態度が，自ら学び続けていく姿勢につながるのです。

3) 保育現場で学びながら保育者になる

　免許・資格を取得して，保育者になった姿を思い浮かべてみましょう。みなさんの何年後の姿でしょうか。たしかに免許・資格を取得することは，容易ではなく，公務員試験や就職試験を突破することも簡単なことではありません。

　しかし，免許・資格は保育者として仕事をしていくための最低限の資質・能力を保証したものであって，よき保育者になるためのスタートにすぎません。みなさんも今までの学校生活のなかで，「今の私は，あの先生との出会いがあったから」と思える先生と，残念ながら「どうしてあの人が先生をしているのだろう」という先生に出会ったことはありませんか？　どちらも教員免許を有しているわけですが，勤務後の歩みに大きな差があったのではないでしょうか。

　保育現場では，子どもから学ぶことがたくさんあります。子どもをとおして自己を省みる謙虚な気持ちが必要です。子どもたちが模倣しながら，多くのことを学んでいく姿に，素直に同僚たちに学ぶ自分の姿を重ねてみましょう。保護者や地域の人，行政や学校での研修，実習生の指導などのあらゆる機会か

ら学ぶことになり，それには主体的に学ぶ姿勢と感謝がなくてはなりません。

❷ 今日のこの日を大切にしよう！

　保育者は，子どもの生活に寄り添い，毎日を一緒に過ごすなかで子どもたちの成長を援助していきます。心身ともに健康でなければなりません。保育者になりたいと考えているみなさんも，今日のこの日を精一杯過ごしてください。

　保育者養成校に入学する前のみなさんは，これからはじまる本格的な保育の学習の基礎となる高校生活を充実したものにしていきましょう。保育者養成校に学ぶみなさんは，日々の生活を見直してみましょう。よき保育者になるための第一歩は，みなさんの毎日の生活のなかにあるのです。

1) たくさんの人と話をしよう！

　今日，学校で誰とお話ししましたか。学年があがると徐々にグループが固定して，話をする友人が限られてきたりしませんか？「その方が楽だから」「あの人は私と価値観が違うから」「趣味が合わないから」「△△先生は苦手だから，ちょっと……」といった声が聞こえてきそうですね。

　しかし保育者は，気に入った子どもばかりを集めて担任になったりすることはありません。一人ひとり違った存在の子どもたちと，たまたまの出会いから保育がはじまるのです。そのなかには，これまで出会ったことのない子ども，自分とは全く異なる家庭環境の子どももいるかもしれません。考え方が正反対の保護者と一緒に，子どもとの向き合い方を考えていくこともあります。

　自分と話が合う友人とばかり付き合っていたら，将来どの子どもたちにも同じようにかかわれるでしょうか。もっといろいろな人と話し，今まで気づかなかった別の側面を見つけてみましょう。子どもが好きというのはもちろん，人が好きで人とかかわるのが好きというのが，保育者の第一条件なのです。

2) 学校の授業を大切にしよう！

　みなさんのなかには，ピアノの腕前を心配する人が多いようです。たしかに

保育ではピアノを使う場面が多く，器楽の基礎技能は必要不可欠です。しかし，器楽に限らず保育には高校までに習う内容がとても大切なのです。

　将来，誤字ばかりで何を言いたいかわからないような連絡帳を書いていては，保護者からの信頼を得るのは難しいでしょう。間違ったり，乱暴だったりする言葉を聞いて，子どもが真似をしては大変です。日誌や指導計画・お便りを書いたり，本や紙芝居を読んだり，人の心にふれる国語の力は本当に大切です。昆虫や動物，植物，天気，土，水など理科の知識は子どもたちからよく質問されます。社会の動きや仕組み，保育制度や法律などにも敏感でなくてはなりません。保育の指導計画を立案する際に必要な論理的思考は，数学や物理によって養われます。体育や美術も子どもの活動に直接かかわってきます。

3) 日々の生活を見直そう！

(1) 家事をしていますか？

　最近，家事をしていますか？　一人暮らしをして，帰宅して温かいご飯があることと親のありがたさに初めて気づいた，という学生の声を聞きます。

　幼稚園や保育所，児童養護施設などへ実習に行くとわかりますが，保育の場は生活そのもので，たくさんの家事が存在します。ほうきのもち方や掃き方，雑巾のしぼり方には決まった方法がありますが，ご存じですか？　自信のない人は，家の人に聞いてみましょう。弁当持参の幼稚園実習では，実習生も手作りの弁当で食事をとります。コンビニエンスストアで購入した弁当は厳禁です。今から，おかずのレパートリーを増やしてみたらいかがでしょうか。

　おそらくみなさんも幼少期の頃，新聞を取りにいったり，風呂掃除をしたり，花の水やりをしたり，何らかの家事を手伝っていたと思います。勉強しながら，働きながら，家事をするのは大変です。家事をすることで，保育を知り，子育てしながら家事をする保護者の気持ちに近づいてみましょう。

(2) 本や新聞を読んでいますか？

　最近，本や新聞を読んでいますか？　本は，何十年，何百年といった人間の歩みや人生，全く知らなかったことや世界中のことを教えてくれる先生です。新聞は，今起こっていることを教えてくれる先生です。

保育は、とても実践的です。現場で多くのことを学ぶ一方で、根拠とする理論を示して、自分の実践をきちんと位置づけていくことが必要となります。新聞を読み、社会に敏感になり、自分を客観的に知ることも大切なのです。
　今日(こんにち)、人々の価値観や考え方が本当に多様化しています。学校や先生が以前のような絶対的な存在ではなくなってきました。保育や教育に携わろうとするみなさんは、自分の立ち位置を見極め、これからどのような目標に向かって進むべきかを考え、その実現のために主体的に行動する座標軸が必要となってきています。その基盤となるのが教養であり、教養を身につけるために読書が大切になってくるのです。先生と呼ばれる保育者になるために、謙虚に先人の考えが詰まった本を先生にして学びましょう。

（3）五感を使っていますか？

　五感を使った生活を送っていますか。五感とは、見る（視覚）、聞く（聴覚）、味わう（味覚）、嗅ぐ（臭覚）、触れる（触覚）といった、人がもっている感覚です。保育では、この五感を総動員して、子どもの気持ちをキャッチします。子どもたちも、五感をフルに生かし、おもしろいと思った気持ちを原動力に遊ぶのです。だからこそ保育者を目指すみなさんには、五感をとぎすます生活が必要なのです。

　何かをする時、少々面倒でも五感を使う方法を選びましょう。料理をつくる時、電子レンジよりフライパンを使って炒(いた)めてみましょうか。食材がフライパンのなかで変わっていくのを、五感をつかって楽しみます。いつもより早く起きて、一駅歩いてみましょうか。季節の変化や街の装(よそお)いを、五感を使って感じます。メールでなくて、直接会って話をしましょうか。何かほっとするような人のぬくもりや優しさを実感できるでしょう。

　保育者への扉を開き、あなたが踏み出すべき一歩は見つかりましたか？　扉を開いた後に続く、よき保育者になるための道は、あなたの人生をかけて実現する長い道のりかもしれません。千里の道も一歩から。「いつか」ではなく、「そのうち」でもなく、「いま」できることから、よき保育者になるための一歩を踏み出しましょう。

「やってみよう！」記入シート

見開きにコピーしてA4サイズです。
欄が狭い場合は拡大コピーしましょう。
A4 → B4（122%）
A4 → A3（141%）

Chapter 1　記入シート

① これまで知らなかった「保育者の仕事」の種類をあげ，それがなぜ大切なのかを自分なりに考えてみましょう。〔p.11〕

【「保育者の仕事」の種類】

【なぜ大切なのか】

② 家庭での保育と，保育施設での保育との違いをまとめてみましょう。

Chapter 2　記入シート

① 「東京女子師範学校附属幼稚園」での保育内容について調べ，現在の幼稚園との保育内容の違いについて探してみましょう。〔p.19〕

② 日本において，これまでの保育界で活躍した人物を3人あげ，彼らが考えた（実践した）保育について，その長所や短所などについて取り上げてみましょう。〔p.19〕

活躍した人物	長所と短所

Chapter 3　記入シート

① 自分が住む地域に幼稚園と保育所がどこにいくつあるか調べてみましょう。〔p.27〕
【幼稚園】　　　　　　　　　　　　【保育所】

② 子どもとのかかわりをイメージしながら，実習で試してみたい教材を一つあげて，なぜそれを試してみたいのかを述べましょう。〔p.33〕
【試したい教材】　　　　【なぜ試したいのか】

③ 身近にどのようなボランティアがあるか調べ，参加したことのある人から具体的な取り組みについて話を聞いて，まとめてみましょう。〔p.39〕
【身近なボランティア】

【具体的な取り組み】

Chapter 4　記入シート

① 赤ちゃんができることにはどんなことがあるか，調べてみましょう。〔p.47〕

② 集団のなかで育つ力には，どのようなものがあるでしょうか。その力を育むにはどのような働きかけが有効かについてもあわせて考えてみましょう。〔p.47〕
【集団のなかで育つ力】

【有効な働きかけ】

Chapter 5　記入シート

① 障害について描かれた絵本や文学作品，映画，親の手記を探してみましょう。〔p.53〕

	本・作品のタイトル	作者	主な内容
絵本			
文学作品			
映画			
親の手記			

② ①で探した本や作品から一つ選んで，内容をまとめてみましょう。〔p.53〕

本・作品タイトル	
作者／出版社	

【障害について】

【本人や家族の気持ちの変化】

【周囲の人とのかかわり】

Chapter 6　記入シート

① 自分が体験したことのある遊びと，新しく覚えたいと思う遊びを一つずつ選び，保育の実践資料となるよう，遊びカードを作る準備をしましょう。〔p.59〕

【遊びの名前】

【対象の年齢】

【必要なもの（場所・準備，必要な時間，遊び方，遊びへの配慮，等）】

② 家族や地域の人から土地に伝わるお話を聞き，レポートしましょう。〔p.59〕

Chapter 7　記入シート

① 子どもがお茶碗やコップを叩いて，その音を楽しんでいます。保育者として，あなたがそこにいたなら，どんなことを言い，どんなことをするでしょうか？〔p.67〕

Chapter 8　記入シート

① 練習1，練習2をふり返ってみましょう。よりよい挨拶，よりよい"ほうれんそう"にするためにはどのような点を改善したらよいでしょうか。〔p.77〕

② 日本と他の国の文化を比べ，似ている点や違いについて調べてみましょう。〔p.83〕
【日本の文化と他の国の文化の似ている点】

【日本の文化と他の国の文化の違い】

Chapter 9　記入シート

① 自分の住む地域にある子育て支援機関について調べてみましょう。〔p.89〕

② 親子の交流を促す工夫について考えてみましょう。〔p.89〕

Chapter10 記入シート

① 子どもの生活リズムや生活習慣が乱れる要因は何であるか，また，その乱れが子どもの発達にどのような影響を及ぼすか考えてみましょう。〔p.91〕

② 虐待の原因（背景）にはどのようなものがあるでしょうか。また虐待を防ぐためには家庭にどのような支援・環境が必要なのか，考えてみましょう。〔p.95〕

【虐待の原因（背景）】

【虐待防止に必要な支援・環境】

③ 自分が住んでいる地域の保育施設で，どのような一時保育が行われているかを調べてみましょう。〔p.97〕

④ 病院に勤めているさまざまな職種（医師，看護師など）の仕事内容を調べた上で，病棟保育士の仕事内容との共通点や相違点を見つけてみましょう。〔p.99〕

⑤ 少子化の進む日本で，保育所定員が増加しているのに，なぜ待機児童問題が起こるのか，また，どうすれば解消できるのか考えてみましょう。〔p.103〕

執筆者・執筆担当

〔編著者〕

澤津まり子	就実短期大学教授	プロローグ
木暮 朋佳	美作大学短期大学部准教授	Chapter 7 ― 1・2
芝﨑 美和	新見公立短期大学専任講師	Chapter 4
田中 卓也	共栄大学教育学部准教授	Chapter 2

〔著　者〕（50音順）

池本 貞子	吉備国際大学心理学部特任教授	Chapter10 ― 1
入江 慶太	川崎医療福祉大学医療福祉学部専任講師	Chapter10 ― 3・4・5
大橋美佐子	中国短期大学准教授	Chapter 1
小川　史	横浜創英大学こども教育学部准教授	Chapter 3 ― 1
木戸 啓子	倉敷市立短期大学准教授	Chapter 3 ― 2
京林由季子	岡山県立大学保健福祉学部准教授	Chapter 5
小島千恵子	名古屋短期大学准教授	Chapter10 ― 6・7
野島 正剛	こども教育宝仙大学こども教育学部教授	Chapter 8 ― 1
菱田 隆昭	和洋女子大学人文学群教授	エピローグ
秀 真一郎	吉備国際大学心理学部准教授	Chapter 8 ― 2
福井 晴子	岡山短期大学特別専任教授	Chapter 7 ― 3
藤井伊津子	吉備国際大学心理学部専任講師	Chapter 6
前田 信一	就労継続支援A型事業所すまいるわーく所長	Chapter10 ― 2
三好 年江	新見公立短期大学助教	Chapter 9
和田真由美	姫路大学教育学部専任講師	Chapter 3 ― 3

イラスト：松原 章子

保育者への扉〔第2版〕

| 2012年（平成24年）9月1日 | 初版発行～第2刷 |
| 2016年（平成28年）9月15日 | 第2版発行 |

編著者　澤　津　まり子
　　　　木　暮　朋　佳
　　　　芝　﨑　美　和
　　　　田　中　卓　也

発行者　筑　紫　恒　男
発行所　株式会社 建帛社 KENPAKUSHA

〒112-0011　東京都文京区千石4丁目2番15号
　　　　　　TEL（03）3944－2611
　　　　　　FAX（03）3946－4377
　　　　　　http://www.kenpakusha.co.jp/

ISBN 978-4-7679-5048-8　C3037　　　　中和印刷／愛千製本所
©澤津まり子ほか，2012，2016　　　　　Printed in Japan
（定価はカバーに表示してあります）

本書の複製権・翻訳権・上映権・公衆送信権等は株式会社建帛社が保有します。
JCOPY〈(社)出版者著作権管理機構　委託出版物〉
本書の無断複写は著作権法上での例外を除き禁じられています。複写される場合は、そのつど事前に、(社)出版者著作権管理機構（TEL03-3513-6969，FAX03-3513-6979，e-mail：info@jcopy.or.jp）の許諾を得て下さい。